梅　卿　编著

学林出版社

图书在版编目（CIP）数据

梅卿看世界 . 伍 / 梅卿编著 . -- 上海 : 学林出版社， 2024. -- ISBN 978-7-5486-2059-4

Ⅰ . G11-49

中国国家版本馆 CIP 数据核字第 20253QT969 号

责任编辑 刘 媛 李沁笛 李晓梅
装帧设计 郑 珏

梅卿看世界（伍）
梅卿 编著

出 版 学林出版社
（201101 上海市闵行区号景路 159 弄 C 座）
发 行 上海人民出版社发行中心
（201101 上海市闵行区号景路 159 弄 C 座）
印 刷 上海书刊印刷有限公司
开 本 700×1000 1/16
印 张 18.25
字 数 9 万字
版 次 2025 年 3 月第 1 版
印 次 2025 年 3 月第 1 次印刷
ISBN 978-7-5486-2059-4/G·790
定 价 99.00 元

大使祝福

“梅卿看世界”栏目组收到多国驻华大使关于参加节目的留言（排名按国名汉语拼音字母顺序排列）：

阿拉伯埃及共和国驻华大使

穆罕默德·巴德里

(Mohamed Elbadri)

我非常兴奋能够来到海南卫视，并深感荣幸能够感受这里的专业精神和奉献精神。

致以衷心的祝愿！

I am so very excited to be here in Hainan TV. It is my pleasure to see such professionalism and dedication.

With my best Regards

Amb. Dr. Mohamed El Badri

Ambassador of Egypt to Beijing

15 October 2020

奥地利共和国驻华大使

石迪福

(Friedrich Stift)

我祝愿海南卫视一切顺利！

你们正在文化领域进行一项很棒的工作！

致以衷心的祝愿！

I wish all the best to HAINAN SATELLITE CHANNEL.

You are doing a great job in the field of culture.

Best regards

F. Stift

13/12, 2019 Ambassador of Austria

冰岛共和国驻华大使

古士贤

(Gunnar Snorri Gunnarsson)

我很高兴也很荣幸能够受邀参加海南卫视的大使访谈系列节目。我衷心祝愿节目播出取得圆满成功，并希望更多观众能够深入了解冰岛，吸引他们前来我们美丽的国家旅行。

I am happy and honoured to have been invited to participate in the series of interviews of ambassadors for Hainan TV. I would like to present my best wishes for the success of this emission and hope the many viewers will know more about Iceland and maybe want to visit my beautiful country

古士贤

Ambassador of Iceland

哥伦比亚共和国驻华大使

路易斯·迭戈·蒙萨尔韦

(Luis Diego Monsalve)

我非常荣幸能够参加今天的节目，我们希望在节目中能够全方位地将哥伦比亚的文化、地理以及人民的多样性展现给中国观众。

致以衷心的祝愿！

14/8/20

It is my pleasure to participate today in this show, where we expect to present to the chinese public many aspects of Colombian culture, geography and people.

Best regards

Luis D Monsalve
Ambassador of Colombia
in China

黑山共和国驻华大使

达尔科·帕约维奇

(Darko Pajovic)

非常感谢你们的热情接待。

我很荣幸能有如此独特的经历。

祝你们工作顺利，一切安好！

Thank you very much for your hospitality.
It was a big pleasure and unique experience.
All the best and continue with good work!

Ambassador of Montenegro

克罗地亚共和国驻华大使

达里欧·米海林

(Dario Mihelin)

我很高兴能够获得这个机会参加海南卫视的“梅卿看世界”节目，借此向中国的观众介绍克罗地亚。

感谢你们的邀请，让我有机会来介绍克罗地亚的传统文化特色，使大家能够更深入地了解我的国家。

致以衷心的祝愿！

It is truly a great pleasure to have such an opportunity with Hainan TV's Connections program to present why Croatia has become such a popular destination for Chinese tourists! Thank you for allowing me to portray some lesser known features of Croatian culture that may be of great interest for further exploration of my country!

With best of wishes!

Dario Mihelin
Ambassador of Croatia

吉尔吉斯共和国驻华大使
卡纳伊姆·巴克特古洛娃
(Kanaiym Baktygulova)

谨向海南卫视录制节目的邀请表示诚挚的谢意。我很高兴有机会与海南卫视的各位同仁共事。期待我们后续继续推进合作并取得丰硕成果。

衷心祝愿海南卫视蒸蒸日上。也希望海南卫视的各位同事身体健康，事业有成，万事如意！

Выражаю искреннюю признательность за приглашение принять участие в программе Hainan TV. Было очень приятно поработать с профессионалами Hainan TV. Выражаю надежду на продолжение нашего плодотворного сотрудничества.

Желаю Hainan TV успехов и высоких рейтингов, а команде Hainan TV здоровья, успехов и процветания!

Посол
Кыргызской Республики
в КНР
К. Бактыгулова
2020.12.03.

罗马尼亚驻华大使
巴西尔·康斯坦丁内斯库
(Basil Constantinescu)

我衷心感谢海南卫视的盛情邀请，并感谢他们为向中国观众宣传文化旅游、知识和传统所付出的不懈努力。

致以衷心的祝愿！

I would like to express my sincerest gratitude to Hainan TV for their warm hospitality and friendship as well as for their interest in promoting culture, tourism and knowledge and tradition to Chinese audience

With sincerest friendship

Basil Constantinescu
Ambassador of Romania
13/10/2019

马来西亚驻华大使

拉惹·拿督·努西尔万

(Raja Dato’ Nushirwan Zainal abidin)

感谢你们邀请我来参加这个节目，也谢谢你们对马来西亚的关注。这次经历让我难以忘怀，我深知海南卫视一直致力打造优质的节目，并展现出卓越的工作能力。

祝愿未来一切都好！

Thank you very much for having me on your show and for your interest in Malaysia. It has been a very impressive experience – I know of the great coverage and good work that Hainan TV has been doing.

All the very best for the future,

R. [signature]

RAJA NUSHIRWAN

Ambassador of MALAYSIA

15 October 2020.

斯洛伐克共和国驻华大使

杜尚·贝拉

(Dusan Bella)

非常感谢有这个独特的机会在海南卫视这一知名节目上介绍斯洛伐克及其国家瑰宝。

祝愿你们节目越办越好，能够吸引更多观众。

Thank you for the unique opportunity to introduce Slovakia and its treasures in this high-profile program of the Hainan TV.

I wish you a lot of success and many satisfied TV viewers.

Dušan Bella

Ambassador of Slovakia

约旦哈希姆王国驻华大使
胡萨姆·侯赛尼
(Hussam A.G.Al Husseini)

我深感荣幸并非常高兴能够受邀参加这一精彩的节目，借此机会向大家介绍我的祖国——约旦。在此，我要衷心感谢主持人和海南卫视给予我这次宝贵的机会。祝愿你们在未来的日子里一切顺利，并期待不久的将来能在约旦与你们相聚。

It is a great pleasure and honour to be invited to this wonderful program, and to be able to introduce my Country Jordan through this exciting Channel.

I wish to thank our host and the Hainan TV producers and directors for this opportunity and to wish you all the success and prosperity in the years to come. and hope to see you soon in Jordan.

Hussam AG Al Husseini
Ambassador of Jordan.
13.12.2019.

前言

在这个绚烂的世界中，多元文化如同万花筒旋转般灿烂，为我们的生活增添了无尽的色彩与活力。它如同一条宽广的河流，汇聚了来自不同民族、国家的智慧与历史，绘制出一幅幅绚丽多彩的生命画卷。

世界各地的文化宛如一颗颗璀璨的明珠，各自闪耀着独特的光芒。从东方的古老文明到西方的现代艺术，从北方的冰雪世界到南方的热带雨林，各种文化相互交融，共同编织出一个五彩斑斓的世界。

中国的传统文化源远流长，其中蕴含着深厚的哲学思想和艺术魅力。诗词、书法、绘画等艺术，都是中华文化的瑰宝。在春节、端午节等传统节日里，人们通过丰富多彩的习俗和仪式，表达着对祖先的敬仰和对生活的热爱。这些传统文化的传承与发展，不仅丰富了中国人民的精神生活，还吸引着世界各地的游客前来领略其独特的魅力。

从古典音乐到现代艺术，从文学名著到建筑设计，欧洲的文化艺术一直是世界的瑰宝，充满了浪漫与创意。欧洲的城市如巴黎、伦敦、威尼斯等，都是文化和历史的交汇点，吸引着无数游客前来探寻其深邃的内涵。

美洲的文化则融合了原住民的传统与欧洲移民的文化。美国作为全球文化的大熔炉，既有欧洲的移民文化，也有非洲和亚洲的移民文化。这种多元文化的交融使得美国的文化独具特色，既有现代都市的繁华，又有乡村音乐的纯朴。

我们把目光转向亚洲，南亚那里的文化充满了神秘与古老的气息。印度、巴基斯坦等国的宗教信仰和传统文化，传承了数千年，形成了独特的魅力。东南亚的文化也因其多元的民族和宗教背景而丰富多彩。

多元文化不仅丰富了我们的精神世界，还为我们提供了无限的创新空间。在音乐的领域里，不同文化的融合创造出许多新的音乐风格，如爵士乐、摇滚乐等；在时尚界，各种文化的元素也被广泛运用，形成独特的潮流趋势；在电影和文学领域里，多元文化的碰撞激发了无数创意和灵感。

“梅卿看世界”作为一档旨在“传播中国文化，倾听世界声音”的文化类节目，通过与各国驻华大使的文化交流，让更多人了解外面的世界。节目通过展示令人惊叹的画面，带你感受大自然的奇妙壮美；将深藏在古老部落中的风土人情完美展现，或者帮助观众通过影像触摸历史，细细品味世界各国的文化之美。

“梅卿看世界”主持人 梅卿

“梅卿看世界”总导演 周彤

序言

世界，就像一本书，倘若你看得久了，便会比别人多了解几分。

行则将至，我们与“梅卿看世界”一起依然奔赴看世界的路。

穿越山川河流，伴随着维也纳的古典音乐，我们看到了欧洲的古老城堡；中亚干燥的风裹挟着沙粒，吹动了古老文明的面纱；非洲的鼓声响起，它惊扰了草原上奔跑的角马；美洲的花香袭来，还混合着咖啡苦涩的芬芳……

万千世界，精彩无限。

一路走来，无数次的初次谋面，我们与世界的万千美好不期而遇。

所有的相遇，是经历，亦是成长。

还记得，前几季的“梅卿看世界”讲述的是探索的故事。如今，她不仅仅是认识世界的目录，更是一面认识大千世界中自我的镜子，她翻开了自我成长的篇章。在各国驻华大使的讲述中，我们一次又一次地看到了世界的多元，更在世界的多元镜像中看清了独属于我们自己内心的热爱。每一次的交谈，是对话大使，也是对话自己；是一次对多元世界的思考与领悟，也是一次与心灵的交谈。

行而不辍，未来可期。

“梅卿看世界”演播室

“梅卿看世界”将会继续奔走在看世界的路上，为了那山川湖海，为了那精灵万物，为了那人间烟火，更为了行走在天地中的那个自我。

“梅卿看世界”总导演：

旅行，是一场与自我和世界的深情对话。它不仅让我们从繁杂的生活中抽离，更让我们有机会深深感受这个世界的宽广与深邃。

在这场对话中，文化成为我们触摸世界的另一种方式。博物馆和历史遗迹，是时间的印记，也是人类精神的传承。每一处遗迹，每一件展品，都诉说着一段段古老的故事，让我们的心灵得以沉淀，思考人类文明的意义。而各地的美食，则是一种最直接的文化体验。味蕾的满足不仅仅是口腹之欲，更多的是对一个地方、一个民族生活方式的体验和感知。这种文化的碰撞与交融，让我们更加深刻地体会到世界的多元化和丰富性。

“梅卿看世界”节目，为我们拓宽了视野的边界。见识多了，我们便能更全面地了解这个世界。感受截然不同的文化，体验别样的人生。愿每一次的旅行都能成为我们人生中的宝贵财富，让我们的内心世界因此变得更加丰富多彩，熠熠生辉。

作家：

作家 苏芩

梅卿看世界：探索世界的无限魅力

在如今这个快节奏、高压力的时代，人们对于世界的认知往往局限于自己的生活圈和有限的媒体报道。而“梅卿看世界”这个节目则提供了一个独特的视角，让观众有机会跟随主持人梅卿一同走进不同的国家和地区，感受世界的多样性、丰富性。

“梅卿看世界”不仅仅是一个简单的旅游节目。它通过深入挖掘每个目的地的历史、文化、风俗和人物故事，让观众了解到一个更加真实、全面的世界。这种深入探索的方式，使得每一季节目都像是一本丰富的文化教科书，让观众在欣赏美景、品味美食的同时，也增长了见识、拓宽了视野。

在节目中，主持人梅卿以她独特的视角和细腻的感受力，将每个目的地最具代表性、最富有内涵的元素呈现给观众。无论是塞舌尔的美妙海滩、芬兰的简约设计还是尼泊尔的雪山风光，都被她以极具感染力的方式介绍给观众，让人仿佛身临其境。

值得一提的是，节目中不仅仅呈现美丽的风光和独特的文化，更有与当地人的深入交流。通过与当地人的互动，观众能够更加真实地感受到每个目的地的气息和温度，从而对世界有更加全面和深刻的认识。这种人文关怀和深度探索的视角，也是“梅卿看世界”与其他旅游节目最大的区别之一。

当然，作为一个文化类节目，“梅卿看世界”还承担着传承和弘扬中华文化的责任。在节目中，梅卿不仅介绍了世界各地的文化，同时也将中国的传统文化和价值观传递给观众。她以自己的亲身经历和感受，向观众展示了开放、包容、自信的中国形象，这对于增强民族自豪感和文化自信有着积极的意义。

此外，“梅卿看世界”在拍摄手法和画面呈现上也极具匠心。精美的画面、专业的摄影技巧以及富有诗意的配乐，都让观众沉浸在每一个目的地独特的氛围中。这种视听盛宴不但让人大饱眼福，同时还激发了人们对未知世界的探索欲望。

总的来说，“梅卿看世界”节目极具品质和内涵。它是一个旅游节目，更是文化传播和文化沟通的桥梁。通过这个节目，观众能够欣赏到世界各地的美丽风光和丰富文化，更能够拓宽视野、增长见识。对于我来说，“梅卿看世界”是一档节目，

老北京旗人民俗美食家 姜波

更是一种生活态度和追求。它让我明白，世界是如此广阔和多元，只有走出自己的舒适区，才能真正感受到这个世界的无限魅力。

老北京旗人民俗美食家：

“千里江山图卷开，万象更新梅卿来。”

翻开新书，我们如同展开了一幅绚丽多彩的国内外非物质文化遗产（简称“非遗”）的文化长卷。

非物质文化遗产，是人类文明的瑰宝，是各国各民族历史、文化和智慧的结晶。

无论是中国国画的水墨丹青和京剧的华裳丽影，还是奥地利的音乐、波斯的地毯、吉尔吉斯斯坦的《马纳斯》，都让我们更加深刻地认识到世界的多样性和人类文明的伟大。

回顾过去的足迹，跨越山川河流，走进不同的国度，与各地的友人交流，感受多元文化的魅力。新书继续秉承“传播文化，交流思想”的宗旨，带领观众走进更多神秘而美丽的角落。探寻古老文明的遗址，感受历史的厚重。

“文脉相承，‘非遗’璀璨。”这本书不仅是对“非遗”的赞美，更是对文化传承的呼唤。让我们跟随梅卿的笔触，“穿越时空赏‘非遗’，守护文明传四海。”愿每一位读者在阅读中感受到非遗的魅力，共同为传承这些人类瑰宝而努力。

非物质文化遗产传承人：

非物质文化遗产传承人 田非凡

受邀之际，我心怀激动，欲为梅卿老师新作添墨。在我心中，她是位独特而亲切的奇女子，集多重身份于一身：作为大使访谈节目“梅卿看世界”的领航者，她以独特的视角引领观众遨游世界；作为才华横溢的作家，她以笔墨勾勒心灵的风景；作为家学深厚的文化传人，她承载着历史的厚重与温度；她温婉如水的气质，宛如邻家大姐般亲切，智慧之光不经意间照亮人心；偶尔，她的一颦一笑，又仿佛穿越至琼瑶剧中的佳人，令人心旷神怡。

然而，这些璀璨的标签，仅是梅卿老师多彩人生的冰山一角。真正触动人心的是，她那份超脱于世俗框架之外的奇妙与独特。她以非凡的勇气和不懈的探索精神，不断突破自我，无论是深邃的文化思考，还是对未知世界的勇敢追寻，都展现出一种难以言喻的魅力。

梅卿老师，就是这样一位自然、自信、自洽的奇女子，她用自己的方式，诠释着何为真正的超凡脱俗。而今，随着她的第五本新作即将问世，我仿佛又能通过她的眼睛，窥见一个更加广阔、深邃且充满无限可能的世界。“梅卿看世界”系列，不仅是她智慧与文化的汇聚之地，更仿佛一盏心灯，引领着我们一同探索未知，感悟生活，寻找属于自己的那份独特与美好。

主持人、演员：

主持人、演员 伏玟晓

（伍）

CONTENTS

目录

001

罗马尼亚：智慧的国度

罗马尼亚拥有悠久的历史和丰富的文化遗产。保存完好的教堂、古堡和宫殿等景观，吸引无数游客流连忘返。

017

奥地利：音乐的故乡

奥地利是音乐与艺术的殿堂。维也纳作为它的首都，以“音乐之都”闻名遐迩；而阿尔卑斯山脉横贯其间，尽显欧洲风情。

035

约旦：魅力古国

约旦这片土地洋溢着迷人的异域风情，令人心生向往。在这里，游客可以领略各种独特的人文自然景观。

051

伊朗：波斯秘境

伊朗，一个位于西亚的高原国家，多数地区为高原和山区。凭借独特的自然地理环境和璀璨的波斯文明，伊朗拥有着极为丰富的旅游资源。

067

缅甸：宁静而欢愉的理想世界

缅甸佛塔壮丽，历史遗迹众多。在这片神秘的土地上，或许还隐藏着许多尚未被世人发现的绝美景色。

083

埃塞俄比亚：部落探秘

埃塞俄比亚是一个多民族国家，拥有 80 余个具有独特文化的部落，其丰富的部落文化和珍贵遗产共同展现了非凡的文化魅力。

099

哥伦比亚：南美的醇香风情

哥伦比亚，这个国家的名字似乎总与一些古老的传说紧密相连，激发着人们无限的遐想与探索欲望。

117

孟加拉国：感受自然的魅力

孟加拉国是个充满活力的年轻国家，坐落于喜马拉雅山脉南麓，如同一块璀璨的绿宝石，闪耀在南亚次大陆的东方。

目录

罗马尼亚

智慧的国度

罗马尼亚，地处欧洲东南部。这片多元文化的土地，南部沉浸于巴尔干半岛文化，中西部沐浴在中欧文化之中，而东部则与俄罗斯文化有着紧密的联系。地形丰富多样，平原、山地、丘陵各占其国土面积的三分之一，共同勾勒出一幅壮丽的画卷。

罗马尼亚的自然风光尤为迷人，喀尔巴阡山脉巍峨壮观，黑海波光粼粼，景色美不胜收。此外，多瑙河如同一条蓝色的绸带，静静地穿过罗马尼亚的土地，滋养着这片丰饶的沃土，为罗马尼亚的自然风光增添了一抹别样的风情。无论是山川的壮丽，还是海洋的辽阔，抑或是河流的温婉，罗马尼亚都以其独特的自然风光和丰富的文化底蕴吸引着世界的目光。

文化推荐人：巴西尔·康斯坦丁内斯库（Basil Constantinescu）
罗马尼亚时任驻华大使

梅卿女士喜悦接收巴西尔·康斯坦丁内斯库大使鲜花赠礼

梅卿：罗马尼亚，一个神秘而浪漫的国家，仿佛一颗镶嵌在欧洲大陆上的明珠。在这里，历史与现代交织，自然与人文相融，为世人呈现出一幅幅绝美的画卷。有请文化推荐人罗马尼亚驻华大使康斯坦丁内斯库阁下。

大使：大家好，我是罗马尼亚驻华大使巴西尔·康斯坦丁内斯库，非常开心来到“梅卿看世界”。

梅卿：欢迎大使阁下，欢迎文化观察员冯建华老师。

冯建华：大家好，我是冯建华。

梅卿：非常感谢大使阁下赠送的美丽鲜花。在罗马尼亚，人们是不是就喜欢将送花作为一种待客之道呢？

大使：是的。在罗马尼亚，送花确实是一种常见的待客之道，表达对客人的欢迎和尊重，而且鲜花可以让人心情愉悦。一到鲜花盛开的季节，罗马尼亚的风景美不胜收，漫山遍野开满鲜花。这些鲜花不仅装点了大地，还为当地的经济带来了不小的贡献。在我国，蔷薇花的用途非常广泛。从酿酒、熬制糖浆到提取维生素 C，蔷薇花都是重要的原材料。这些产品不仅满足了人们的日常需求，还为蔷薇花种植产业的发展提供了动力。

冯建华：我觉得把送花作为一种待客之道确实是一种非常优雅的传统习俗。花作为一种礼物，可以表达各种情感，无论是赠与爱人还是亲友，都能传递美好的祝福和深厚的情意。这种习俗不受国界和地域的限制，是全球范围内普遍存在的文化现象。花不仅芬芳四溢，还拥有美丽的外观，能够为人们带来愉悦的感受。当人们尤其是女性，收到花时，那种喜悦和感动是无法言喻的。

梅卿：没错。大使阁下，既然罗马尼亚人这么喜欢鲜花，有没有和鲜花有关的节日呢？

大使：在罗马尼亚，每年有两个特殊的时间点与送花传统紧密相连。第一个是在每年 3 月 1 日，我们会举行一个迎春花节，庆祝春天的开始。那一天，在场的每位女士都会收到一朵特别的花，通常是雪莲花。雪莲花象征着春天的到来，寓意女性永葆青春。我们以此来庆祝这个节日。除此之外，还有一个特殊的时间点，在复活节前一周。在这个时候，全国上下都会用鲜花装饰整座城市，因为此时的花香最为浓郁。而且，人们还会在名字中加入花名以示庆祝。这两个时间点的鲜花赠送不仅仅是仪式或习俗，更是我们文化的重要组成部分。

梅卿：大使阁下，在这些节日中有什么特别的仪式吗？

大使：我认为最有意义、最有趣的仪式是每年 6 月举行的“仙女之夜”。这一天昼夜等长，是年轻未婚女孩跳舞聚会的日子。女孩们在花丛中跳起一种传统舞蹈。晚上，她们会围着一堆篝火舞蹈，她们相信这样会给自己带来健康和好运。回到家后，她们会在枕头上放一顶花冠，希望能梦到她命中注定的另一半。这是几百年前的传统，但至今仍在延续。同时，这种花的气味非常独特，它的花名翻译过来是“圣狄安娜”。在罗马神话中，圣狄安娜是狩猎之神，热爱大自然和狩猎。作为女性纯洁的象征，她深受闺中处女的崇拜。因此，这个传统习俗保存至今。

梅卿：从这些传统习俗中，我感受到罗马尼亚人还是挺浪漫的。春天来临之际，所有的女性都能收到一朵象征着春天的鲜花；仲夏之时，未婚女性也有独特的庆祝方式。这些习俗不仅仅是物质的表达，更是对生活的热爱和对人际关系的重视。冯建华老师，您怎么看这些习俗？

冯建华：我觉得罗马尼亚与花有关的节日，与这个民族有着密不可分的关系，而且我认为这种习俗在很多国家都有共通性。确实，许多文化中都有与花相关的庆祝活动，因为花作为美丽和生命的象征，具有普遍的吸引力。然而，每个国家的习俗和庆祝方式都有其独特之处，反映了该民族的文化和历史背景。

梅卿：通过这些庆祝活动，人们不仅传递出对美好事物的欣赏和珍视，还强调了社区的凝聚力和人与人之间的情感纽带。我听说如果应邀到罗马尼亚人家里做客，他们还会有一种很特别的待客之道？请大使阁下介绍一下。

梅卿女士邀请现场观众品尝罗马尼亚特色面包

大使：我给大家带来的是面包和盐。这两样其实是我们罗马尼亚待客之道的精髓所在。在罗马尼亚的历史上，面包和盐曾经是非常重要的食品，因为它们是人们日常生活中的主要能量来源。面包和盐在罗马尼亚代表着土地和天空。地球上的盐资源非常丰富，而太阳是小麦生长的必要条件；没有太阳，小麦无法生长；而没有小麦，就无法制作面包。当我们接待客人时，我们会准备好面包和盐，因为我们想与他们分享我们的所有，以此表达我们的敬意。这是一个特殊的传统，当新客人第一次来到罗马尼亚的时候，我们都会以这样的方式迎接他们。

梅卿：我们平常吃面包要么蘸果酱，要么蘸黄油，蘸盐还是头一次。

文化观察员：冯建华

冯建华： 面包蘸盐这种吃法，应该是罗马尼亚的“最高礼遇”了。

梅卿： 大使阁下，为什么在罗马尼亚会有这种面包蘸盐的习俗呢？

大使： 我要给大家讲一个故事，这个故事几乎被每一个罗马尼亚孩子所熟知，它给予了他们终身的启示。故事中的国王有两个女儿，在国王临终前，他对两个女儿说：“我想知道你们有多爱我？”大女儿形容国王像糖，而二女儿形容国王像盐。国王听完后非常生气，于是驱逐了二女儿。二女儿因此感到非常难过。几年后，整个国家的盐资源耗尽，人们开始怀念盐的味道，意识到盐的重要性。这个故事对每一个罗马尼亚人都产生了深远的影响，其寓意已经深深融入我们的文化和信仰。尽管现代医学提醒我们不要摄入过多的盐，但历史上曾经稀缺昂贵的盐，在生活中确实是不可或缺的。

梅卿：我听说在罗马尼亚不仅有非常丰富的盐矿资源，而且开采盐的技术已经有几千年的历史了。

大使：罗马尼亚的盐矿资源确实非常丰富。当然，除了盐矿，罗马尼亚也有少量的天然气资源，但其储量远不及盐矿丰富。由此可以看出，盐矿在罗马尼亚经济中的重要地位。

梅卿：我听说罗马尼亚人凭借精心的规划和创造力，运用他们的智慧，将盐矿打造成一个当地非常壮观的风景。

大使：没错。在过去二十多年里，罗马尼亚的盐矿已经成为一个备受游客喜爱的景点。这些盐矿在地下深处为游客提供了一个奇妙的体验，让他们能在400米深的地下呼吸到纯净的空气。

巴西尔·康斯坦丁内斯库大使介绍罗马尼亚盐矿

梅卿女士聆听锡比乌“大眼睛”的故事

我之前去过的一个盐矿，2018 年接待了近 100 万游客，这一数字是该城市常住人口的两倍。对于一个仅有 50 万常住人口的欧洲城市来说，这是一个相当大的数字。

梅卿：盐矿是大自然赐予罗马尼亚的礼物，罗马尼亚人没有毁坏它，而是合理且高效地开采，并通过人类智慧的改造，让它绽放出更加璀璨的光彩。除了这些令人叹为观止的地下盐矿，罗马尼亚的一座古城里有许多“大眼睛房子”，这到底是怎么回事？请大使阁下介绍一下。

大使：锡比乌这座古城拥有超过八百年的历史，是罗马尼亚最繁华的城市之一。在城市几乎每一座房子的屋顶上，几乎都装有“眼睛”，这些“眼睛”实际上与季节有密切的关系。在传统上，阁楼一直是罗马尼亚人储存食物的理想场所，因为它们提供了恒定的温度。家家户户都将果蔬、肉类、奶酪和谷物存放在阁楼里，这不仅有利于通风和防晒，还可以防止食物变质。为了实现更好的空气流通，尤其是为了排出室内的烟雾，并在冬季保持食物的新鲜度，设计者们巧妙地添加了这些“眼睛”。“眼睛”的大小是根据阁楼的体积来设计的。一个较大的“眼睛”意味着阁楼的体积也较大，因为只有当窗户与阁楼的体积相匹配时，才能确保最佳的食物储存效果。

梅卿：锡比乌的建筑别具一格，充满童趣，让人流连忘返。我听说还有一座“说谎桥”，请大使阁下介绍一下。

大使：说谎桥是欧洲最古老的木桥之一，尽管经历了 800 多年的风雨洗礼，但它依然稳固屹立。由于其独特的结构和优质木材的使用，人们在桥上走动时仿佛踏在一块柔软的木板上。这座古老的桥梁既是历史的见证，也具有很高的实用性。它是当地居民和游客往来的重要通道，因此成为锡比乌的建筑地标之一。关于说谎桥的名字由来有许多有趣的传说。当地有一所军事学校，培养了一批批军官。每逢星期日，身着制服的军校学生便会聚集在附近的集市上享受他们的自由时光。这里成了一个热闹的地方，吸引了很多人前来观看军官的风采。而年轻军官和当地女孩也常常选择在桥上约会，这座古老桥梁成了浪漫之地。几十年来，这座桥见证了无数的承诺和谎言，因此得名“说谎桥”。除了作为浪漫场所外，说谎桥还承载着当地人的传统和习俗。几百年前，为了鉴定贸易伙伴是否诚实可靠，当地人会选择在桥上进行交易。如果交易过程中桥梁发出咯吱声，则被视为不祥之兆，意味着对方可能不是一个诚实的人。这一传统虽然带有迷信色彩，但它反映了当地人民对诚信和美好生活的追求。随着时间的流逝，这些传统和习俗逐渐演变成一种文化现象和生活方式。人们不再是仅仅追求事实真相，而是更加注重生活中的趣味和美好寄托。关于这座古桥的真实故事和传说也随着时间的流逝变得更加神秘，引人入胜。

梅卿：大使阁下，听说锡比乌还有一个非常著名的戏剧节，您能为我们介绍一下吗？

大使：锡比乌国际戏剧节是 20 多年前由罗马尼亚一位非常重要的艺术家康斯坦丁·肯亚倡导创立的。在短短 20 多年的时间里，锡比乌国际戏剧节迅速发展成为欧洲最重要的戏剧节之一。该戏剧节汇集了来自世界各地的数百名戏剧家，其中来自中国的表演艺术家也经常在这里演出。锡比乌不仅具备良好的组织能力，更重要的是它所展现的精神凝聚力。这种凝聚力吸引着所有的戏剧爱好者，尽管锡比乌的规模并不大，仅有老街和一个中心广场，但是表演者可以在古老的建筑里以及街头表演。在锡比乌，到处都可以作为表演场地。每年夏天，世界各地的优秀艺术家都会不约而同地来到这里。锡比乌国际戏剧节吸引着越来越多的观众，成为备受瞩目的国际性文化盛宴。

梅卿：我们穿行于罗马尼亚的文化之中，从鲜花盛开的田野到历史悠久的盐矿，再到锡比乌的“大眼睛”房子、传奇的“说谎桥”以及热闹非凡的锡比乌国际戏剧节，这些多样的文化特色无不展现了罗马尼亚人的乐观与幽默，同时也反映出他们笑对人生的生活态度。非常感谢大使阁下和冯建华老师的分享，再见！

“梅卿看世界”——罗马尼亚播出时间：2020 年 1 月 11 日

左起：子骞、梅卿、巴西尔·康斯坦丁内斯库、冯建华

《罗马尼亚：智慧的国度》手记

在拉丁语里，罗马尼亚是“罗马人的国家”的意思，历史上罗马尼亚曾多次被他国征服和占领。罗马尼亚的地貌相当多样化，平原、山地、丘陵都是其重要特征。多瑙河奔流直下，汇入黑海，因此这里形成了欧洲面积最大、保存最完好的三角洲。这里有不计其数的湖泊和沼泽哺育着上百种鸟类和几十种特有的鱼类。这里是欧、亚、非三洲候鸟的集散地，是每年从欧洲中部和北部迁往地中海的候鸟的落脚点。因资源丰富，被誉为“欧洲最大的地质、生物实验室”。

罗马尼亚拥有悠久的历史和丰富的文化遗产。它的首都布加勒斯特是欧洲最古老的城市之一。漫步在布加勒斯特的街头巷尾，仿佛穿越时空隧道，回到了那个古老而辉煌的时代。宏伟壮观的建筑，诉说着她悠久的历史与深厚的文化底蕴。建筑物上精雕细琢的细节，折射出工匠们的精湛技艺与无限创意。布加勒斯特的夜景更是美不胜收。华灯初上时，整个城市仿佛被点亮，宛如一幅流光溢彩的画卷。夜幕中，建筑物的轮廓若隐若现，散发出独特的魅力。在这里，你可以感受到这座城市的热情与活力。街头巷尾的咖啡馆、酒吧和餐馆，是人们休闲娱乐的好去处。在这里，你可以品尝到地道的罗马尼亚美食，享受独特的味觉盛宴。同时，这里也是艺术家的天堂。音乐、舞蹈、绘画等各类艺术形式在这里蓬勃发展，为城市增添了浓厚的艺术气息。

来到罗马尼亚，还有一个旅游景点一定要参观，它就是布朗城堡，也叫“德古拉堡”。布朗城堡还有一个耸人听闻的绰号叫作“吸血鬼城堡”。这座城堡更为人们熟知的名称是“德古拉堡”，那是因为19世纪末，爱尔兰作家布莱姆·斯托克撰写了一部非常著名的小说《德古拉》。因为这部小说，布莱姆·斯托克也被称为“吸血鬼之父”，成为“吸血鬼小说”作家的鼻祖，影响了后世几代作家。故事就以这座城堡为背景，而主人公正是“吸血鬼德古拉伯爵”。这部小说曾多次被搬上荧幕，其中，1992年的电影《惊情四百年》是比较忠于原著的一个版本。正是因为这个故事深入人心，于是人们把这座城堡称为“吸血鬼城堡”。

这座城堡实际上位于一个山崖上，沿着一条颇为曲折陡峭的山路上行可以到达城堡入口。以前的“吸血鬼城堡”根本没有门，如果想要进去的话，只有跑到城堡南边，沿着上面扔下来的绳梯才能爬上去。进入城堡后，首先需要通过陡峭的楼梯到达角楼。城墙斑驳陆离，楼梯回廊狭窄，小屋密室阴暗，给人神秘阴森的感觉。城堡的四个角楼据说是用于储备火药或侦查敌情，这些角楼装有活动地板的设计，在遇到敌人侵犯时，能够通过活动地板向围困城堡的敌人泼热水。此外，四个角楼之间由走廊相连，这些走廊的外墙上装有射击孔，以确保没有射击死角，从而使整个城堡成为一个很严密的战斗堡垒。据说许多关于“吸血鬼”的电影都在这座城堡里拍摄，电影中那个恐怖阴森的“吸血鬼”世界正是在这里起源的。因此，了解这座城堡，就能对这个世界有更深入的了解。

在罗马尼亚的大地上，除了那些神秘古老的城堡，还有一种独具特色的木结构教堂。这些教堂以木材为主体，巧妙地运用古老的木工技艺，构建出坚固而富有弹性的结构，它们是建筑的杰作，更是罗马尼亚人民对信仰和艺术的热爱与追求的体现。其中，最负盛名的是马拉暮莱斯的木结构教堂。这座教堂的外观简洁而精致，木质的材料散发出淡淡的木香，让人感受到一种回归自然的宁静与舒适。教堂的屋顶、墙壁、梁柱等部分均由木材构成，给人一种温暖而质朴的感觉。走进这座木结构教堂，你会被其内部装饰所吸引。教堂内的壁画、彩绘和雕刻等都充满了浓郁的宗教色彩，它们以生动而细腻的方式描绘了圣经中的故事和人物。这些艺术品不仅让教堂显得更加庄重和神圣，也给参观者带来了心灵的震撼和启迪。这座木结构教堂的周围是一片广袤的森林。树木苍翠挺拔，绿草如茵，与教堂的木质结构形成了一种和谐的呼应。这里没有城市的喧嚣和繁忙，只有大自然的声音和宁静的氛围。这种环境让人感到一种与世隔绝的寂静和放松，仿佛可以抛开一切烦恼和忧虑，沉浸在这片美丽的天地之中。

罗马尼亚，一个值得我们去探索和发现的国度，它的美丽与魅力将永远留在我们的心间。

奥地利
音乐的故乡

Austria

提起奥地利，你会想到什么？是维也纳的宁静森林，还是阿尔卑斯山的雄伟壮观？是莫扎特的故乡，还是奥地利音乐在电影中的展现？

经典电影《茜茜公主》的取景地，正是在奥地利西南部那座美丽的因斯布鲁克小城。因斯布鲁克是奥地利最著名的旅游胜地之一，每年都吸引着成千上万的游客前来观光。无论身处小城的哪个角落，都能欣赏到巍峨壮观的阿尔卑斯山美景。静静的因河穿城而过，为这座小城增添了一股独特的灵气。因斯布鲁克小城街头，哥特式的房屋、巴洛克式的宫殿等不同风格的古建筑交相辉映，共同勾勒出这座历史悠久的古城风貌。奥地利，这个充满迷人风情的国度，等待着你的探索和发现。

文化推荐人：石迪福 (Friedrich Stift)
奥地利共和国时任驻华大使

石迪福大使非常高兴地来到“梅卿看世界”节目，与大家分享奥地利的文化

梅卿：奥地利首都维也纳是世界上三个“联合国城”之一，也是欧洲古典音乐的摇篮。有请文化推荐人奥地利共和国驻华大使石迪福阁下。

大使：大家好，我是奥地利共和国驻华大使石迪福。

梅卿：欢迎大使阁下，欢迎文化观察员奥克兰大学博士、国际标准舞世界冠军于珑琦。

于珑琦：大家好，我是于珑琦，很高兴来到“梅卿看世界”。

梅卿：提起奥地利，人们往往会联想到华尔兹，请大使阁下介绍一下华尔兹的起源。

大使：“华尔兹”一词最早出现在 18 世纪，最初的起源地并不是维也纳，而是奥地利的乡村，后来才传入维也纳皇宫，成为宫廷舞。1814 年 9 月到 1815 年 6 月，在奥地利维也纳召开了一次欧洲各国的外交会议。会议期间，各国的国家元首、国家政府各部门的主要官员和外交官每天晚上都会参加贵族宴会，旨酒嘉肴之后，大家开始轻歌曼舞，其中最受欢迎的舞蹈就是华尔兹。从那时起，华尔兹逐渐出名，并在 20 世纪初风靡全球。

梅卿：在 18 世纪，人们的思想观念还是比较保守的，亲密的肢体接触等行为往往被视为不合适或不得体。

大使：是的，在当时这种行为是违反传统礼节的。城市里举办的舞会通常都比较正式和传统，与乡村地区的舞蹈风格有所不同。在乡村，人们跳舞时总是会有肢体接触。后来随着华尔兹的兴起，舞蹈中的肢体接触变得越来越频繁。教会一开始很反对这种舞蹈，认为它违背了道德，因为跳华尔兹舞时年轻男女会离得非常近，教会认为这是一件非常危险的事情。华尔兹在当时的欧洲社会中非常受欢迎，虽然教会对此持有一些反对意见，但无法阻止人们对华尔兹的热情和喜爱。

梅卿：现在人们一般在什么样的场合下会跳华尔兹呢？

大使：冬天的时候，维也纳举办的舞会数量会超过 200 场，华尔兹是最受欢迎的舞蹈之一。除此之外，人们也会跳恰恰舞、狐步舞和摇滚舞等，但所有的舞会都是以华尔兹开场的。

梅卿：大使阁下，听说在奥地利的成人礼舞会上人们也会跳华尔兹，是吗？

大使：是的，人们通常会跳华尔兹来庆祝这个特殊的日子，尤其是在维也纳。当十八九岁的学生从高中毕业，他们会一起参加各种舞会，男孩和女孩在一起翩翩起舞。

梅卿：华尔兹跳起来非常优雅。于珑琦老师在舞蹈方面也很有建树，

黑池舞王、国际标准舞（体育舞蹈）世界冠军于珑琦表演维也纳华尔兹

能谈谈您对华尔兹的认识吗?

于珑琦：我们会把华尔兹分成两种，一种叫华尔兹，一种叫维也纳华尔兹。在许多舞蹈竞赛中，“W”代表华尔兹（Waltz），是Waltz的首字母缩写；“VW”代表维也纳华尔兹（Viennese Waltz），是Viennese Waltz的首字母缩写。华尔兹和维也纳华尔兹的主要区别在于节奏和风格。华尔兹的节奏较慢，通常以3/4拍的音乐为节奏，旋律悠扬；维也纳华尔兹的节奏轻松明快，风格多变。

梅卿：人们可以通过舞蹈交流情感、增进友谊，享受舞蹈带来的快乐。大使阁下，您觉得华尔兹在众多舞蹈中，有着怎样的吸引力?

大使：我认为华尔兹是奥地利呈现给世界的一份很好的文化礼物。

在北京，我发现很多人都喜欢跳华尔兹。我经常在公园里看到许多男女舞伴，特别是女士很爱跳华尔兹。他们翩翩起舞的身姿让我想起了我的祖国奥地利。

梅卿：于珑琦老师，您觉得华尔兹对您自己有着怎样的影响？

于珑琦：从我个人学习华尔兹舞蹈的角度来讲，它不仅提高了我自己的舞蹈水平，还教会我如何与我的搭档相处。华尔兹是双人舞，需要两个人的协调合作，增近两人之间的相互交流，从而增长社交礼仪知识。作为男士，当我邀请女舞伴时，我一定要先取得对方的同意后才能伸出手，女舞者则会将自己的手轻轻地放在我的手上，再由我引带着她一起走到舞池的中央，找到一个合适的起舞位置开始跳舞。我觉得这一套礼仪，让我知道了如何以一个礼貌的方式与人相处，让对方非

石迪福大使欣赏舞者的优雅舞姿

常舒服愉悦地与我舞蹈。所以，华尔兹不仅展现了一个人的绅士风度，还教会了我许多做人的道理。

梅卿：华尔兹作为一种社交舞蹈，举手投足间都展现了一种优雅与自信。除了舞蹈，维也纳也是爱乐者心中的人间天堂，这里有被称为“世界音乐圣殿”的金色大厅，请大使阁下介绍一下。

大使：金色大厅，全称是维也那音乐协会金色大厅，是维也纳最古老也是最现代化的音乐厅，是世界上最著名的音乐厅之一。金色大厅并非一幢独立的建筑，而是“音乐协会”大楼里的一个面积最大的音乐厅，整个大厅金碧辉煌，美轮美奂。除金色大厅外，还有勃拉姆斯厅和莫扎特厅等演出大厅，而金色大厅是最负盛名的一个。这里也是维也纳爱乐乐团的所在地，维也纳爱乐乐团以纯正的维也纳风格以及细腻美妙的音色闻名于世。维也纳新年音乐会按照传统都会在金色大厅举行，每年都有很多电视台向全世界上亿观众转播金色大厅的新年第一场音乐会。

梅卿：大使阁下提到的金色大厅、维也纳爱乐乐团的新年音乐会，可能是很多人非常想去了解，也非常向往的一个地方。维也纳为何被称为“音乐之都”，它的这个称号是怎么得来的呢？

大使：我认为音乐对奥地利人非常重要，许多世界著名的作曲家和音乐家都住在维也纳，比如莫扎特、贝多芬、海顿、舒伯特、施特劳斯父子，等等。

梅卿：大使阁下，您觉得奥地利为什么会培养出那么多的音乐家呢？

大使：首先，奥地利音乐文化的发展离不开维也纳宫廷的支持；其次，奥地利人一直热爱音乐，从小时候就开始欣赏和演奏音乐。19 世纪以前，奥地利一直是一个多民族国家。分裂之后，主要由奥地利人和匈牙利人组成，还有少部分的捷克人、波兰人、斯洛伐克人、斯洛文尼亚人和意大利人，这些不同族群，将自己民族的音乐带到了维也纳，受不同文化的融合和教会音乐的影响，创造了奥地利音乐的独特魅力和风格。所以，奥地利音乐是多民族融合的产物。

于珑琦：是的，奥地利音乐得到了皇室的支持，又在历史长河中形成了独特的人文风俗，甚至在百年的变革和发展中一直延续到今天，成了奥地利重要的文化标志之一。

梅卿：奥地利音乐是历史长河的文化积淀，也孕育了众多名扬世界的音乐家，其中就有莫扎特。请问大使阁下，莫扎特对奥地

梅卿女士展示金色大厅图片

梅卿女士沉浸在莫扎特的音乐世界里

利的音乐产生了怎样的影响？

大使：我们为有莫扎特这样的音乐家而感到骄傲，莫扎特一生创作了近千首音乐作品，很难想象一个人在这么短的时间内可以写出这么多作品。莫扎特从小就被视为“音乐天才”，他 4 岁开始学习钢琴，5 岁作曲，6 岁随父亲和姐姐周游世界，游览了维也纳、慕尼黑、巴黎和伦敦。莫扎特很小的时候就开始登台表演，所到之处都会引起轰动，这不单单是因为他的演奏，还包括他的音乐天赋。但莫扎特的早逝确实令人感到惋惜，当时他只有 35 岁。

梅卿：这位伟大的音乐家在短短的 35 年生命中，留下了如此丰富的音乐遗产，为世界文化做出了巨大贡献。大使阁下，您最喜欢莫扎特的哪一首曲子？

大使：我非常喜欢莫扎特的教堂音乐，还有歌剧《魔笛》。其《安魂曲》在创作时还发生了一个有趣的故事。据说，这首曲子原本是一个贵族让莫扎特为其葬礼所写，却成了莫扎特死前的最后一首乐曲。这是一首旋律非常优美的曲子，后来被广泛用于纪念莫扎特以及逝去之人的葬礼仪式中。

梅卿：我也很喜欢莫扎特的音乐，特别是他创作的《魔笛》，每次听都能够触动内心最深处的情感，具有一种返璞归真的力量。请问于珑琦老师对莫扎特的音乐有着什么样的感受？

于珑琦：莫扎特的音乐细腻、典雅、旋律优美。他的音乐作品既充满了情感又具有高度的艺术性，还融入了自己独特的风格和创新元素。因为我是学国标舞的，所以经常会听到另一位奥地利作曲家小约翰·斯特劳斯的名曲《蓝色多瑙河》。这是一首非常富有想象力的曲子，在不同的时间，不同的心境去听，我都会有不同的感受，我想这就是奥地利音乐的魅力所在。

梅卿：聊了奥地利的古典音乐家莫扎特，还有一个地方不能不提，它就是莫扎特的故乡——萨尔茨堡。我去过萨尔茨堡三次，每一次都有不同的感受，请大使阁下介绍一下这个与音乐有着紧密联系的城市。

大使：萨尔茨堡是一个非常美丽的城市，那里有环绕城市的山脉和古老的城堡。萨尔茨堡的音乐文化底蕴深厚，莫扎特就出生在那里。当时的萨尔茨堡是一个大主教统治的城市，第一次世界大战爆发后，奥军战败，奥匈帝国随即瓦解，百姓的生活开始变得非常艰难，在食物和物资方面非常匮乏。一些音乐家看到人们伤心的情景，想为他们的生活带去一些欢乐。于是，在 1920 年，音乐家们发起并创办了萨尔茨堡音乐节，希望通过这样的方式，呼吁热爱艺术的人们在困难时期紧紧团结在一起，这也成了萨尔茨堡这座城市的标志性文化活动。每年夏天，萨尔茨堡音乐节会举行 30 到 40 天，歌剧、音乐会、话剧等演出轮番上演。2020 年是萨尔茨堡音乐节 100 周年，就有许多歌剧上演，如理查德·施特劳斯的《埃莱克特拉》，莫扎特的《唐·乔凡尼》和《魔笛》，穆索尔斯基的《鲍里斯·戈杜诺夫》，普契尼的《托斯卡》，等等。这些歌剧由交响乐团来演绎，不仅有维也纳爱乐乐团，还有柏林爱乐乐团、匹兹堡交响乐团、伯明翰市立交响乐团，等等，人们可以尽情享受这场音乐盛宴。

梅卿：在萨尔茨堡音乐节期间，许多人会选择穿着当地的传统服装，我觉得这是一种表达对当地文化的尊重和欣赏的方式，请大使阁下介绍一下奥地利的传统服装。

大使：奥地利有一种类似围裙的裙子，我们称为“少女装”。裙子系在腰间，并且绑一个蝴蝶结，蝴蝶结系在不同的位置，含

昔日奥地利少女装，今成年轻人改良时尚新宠

义也不同。如果把蝴蝶结系在中间，表明还是个孩子；如果把蝴蝶结系在左边，表明还未结婚；如果把蝴蝶结系在右边，则表明已经结婚。所以你可以通过裙子上蝴蝶结的位置来判断一个女生是否结婚。

梅卿：我开始关注奥地利的服装，其实是从电影《茜茜公主》开始的。茜茜公主经常穿着奥地利的传统服装，非常漂亮。这些服装包括长裙、紧身上衣、外套和帽子等，现在的奥地利人还会这样穿吗？

大使：是的。如果你去奥地利，尤其是在山区，80% 的人还都这样穿。

梅卿：那城里人会穿这些传统服装吗？

大使：我在 30 年前进城里学习的时候，就很难看到一个穿着传统服装的人。现在年轻人变得很时尚，他们把传统服装进行改

奥地利传统服装展示

良，你可能会在大学里看到年轻人穿这种改良后的服装，不过这在我那个年代是不可能的，所以它成为了一种新的时尚标志。

梅卿：现在年轻人会在什么样的场合穿它？

大使：在城市里的传统舞会上，你会看到很多年轻人穿着这种服装。而当年轻人结婚时，他们既可以选择现代化的婚礼，也可以身穿传统服装举行传统婚礼，而传统婚礼现在在维也纳很受欢迎。

梅卿：大使阁下，传统的男士服装有什么不一样吗？

大使：在乡村地区，男士上身是衬衫配外套，下身是短裤搭配绿色或红色的长袜，再穿一双特殊的鞋子，很多年轻人一年到头都这么穿。当我在乡村生活的时候，夏天我穿一条皮质短裤，冬天则是一条更长更厚的皮裤，天天如此。

梅卿：现在，还有人穿这种传统的皮裤吗？

大使：如果你去乡村度假，会发现 90% 的人都穿成这样。这种皮裤非常舒适，可以在任何场合穿。因为它的材质是皮革的，不容易被扯坏，可以保持三四十年不走样。

梅卿：随着时代的变化，服装成为个性表现的最好形式。从奥地利的传统服饰上，我们不仅看到了一种美学表达，还看到了这些传统服装作为文化的重要载体，展示了该国丰富的历史和文化底蕴，也烘托了节日文化的氛围，增强了人们对传统文化的认同感和自豪感。感谢大使阁下和于珑琦老师的分享，再见！

"梅卿看世界"——奥地利播出时间：2020 年 1 月 18 日

左起：于珑琦、梅卿、石迪福、子骞

《奥地利：音乐的故乡》手记

很多人对奥地利的印象，就是“多瑙河流过的国家”。如果你问我为什么，答案很简单，享有全球知名度的《蓝色多瑙河》圆舞曲，是由奥地利著名音乐家小约翰·施特劳斯创作的。可以说，《蓝色多瑙河》圆舞曲是西方音乐在中国最具知名度的几首作品之一。这首乐曲的美妙旋律，让奥地利这个国家与多瑙河紧紧相连，成为人们心中独特的记忆和情感寄托。《蓝色多瑙河》这首作品的创作，与1866年爆发的普奥战争有关。在战争中，奥地利帝国惨败，帝国首都维也纳的民众陷于沉闷的情绪之中，为了摆脱这种情绪，时任维也纳宫廷舞会指挥的小约翰·施特劳斯创作了这首具有抚慰情绪作用的圆舞曲。从此，奥地利人深深爱上了《蓝色多瑙河》。这首曲子让流经十个国家的多瑙河在奥地利人心目中的地位变得尤为特殊和崇高。在别的国家，多瑙河只是一条普通的河流，但在奥地利，它已经成为与奥地利人生命融合为一体的文化纽带。

多瑙河在奥地利潺潺流过，其中有一段特别美丽的河谷，河岸两侧既有古老的城堡和五彩斑斓的小镇，又有茂密的森林和连绵的葡萄园，这里不仅酿造出世界闻名的葡萄酒，还有世界文化遗产——瓦豪文化景观。瓦豪文化景观，位于奥地利的多瑙河河谷，是一处如诗如画之地。这里的自然美景与人文景观交织在一起，形成了一幅动人心魄的画卷。阳光洒落在古老的城堡和村庄上，仿佛每一块石头、每一片叶子都在诉说着千年的故事。漫步在瓦豪河谷，你会被色彩缤纷的小镇所吸引。这些小镇仿佛是上帝打翻的调色盘，每一个角落都充满了色彩与生机。小镇上的房屋，依山傍水而建，每一栋都仿佛是艺术家的画笔下诞生的杰作。而最令人陶醉的，莫过于那绵延的葡萄园。在阳光的照耀下，葡萄园仿佛闪烁着紫色的光芒。这里出产的葡萄酒，口感醇厚、香气四溢，每一滴都充满了大自然的馈赠与酿酒师的心血。除了美景之外，瓦豪河谷还充满了浓厚的人文气息。这里的居民热情好客，他们的笑容如同阳光一般温暖。在这里，你可以品尝到地道的美食，感受到那份深深的安宁与满足。

在多瑙河旁，坐落着美丽的萨尔茨堡，那是一个充满音乐与艺术气息的地方。萨尔茨堡，这个被誉为音乐之都的城市，是音乐天才莫扎特的故乡，也是著名指挥家卡拉扬的故乡，还是电影《音乐之声》的拍摄地。还记得在这部电影里玛利亚和孩子们一边唱一边跳“DO-RE-MI”，然后拾阶而上，来到玫瑰山丘的情景吗？这就是在奥地利萨尔茨堡的米拉贝尔花园拍摄的。米拉贝尔花园始建于1606年，位于萨尔茨堡的萨尔茨河北岸，与米拉贝尔宫一起由当时的大主教沃尔夫·迪特里希为其情人莎乐美而建造。在沃尔夫·迪特里希去世后由后继者更名为米拉贝尔花园与米拉贝尔宫。米拉贝尔有“美丽”的意思，米拉贝尔花园其实是一座小巧的街心花园，景色主要靠花草的造型和色彩来衬托。花园中央设有一座大型喷泉，四周则有许多希腊神话中的人物雕像。花园的后方走上去就是侏儒花园，里面放着几个造型夸张的小矮人雕塑，据说它们的原型是主教大人和情妇所生的孩子们。此外，花园里最主要的四组神话主题雕塑，分别是埃涅阿斯、赫拉克勒斯、帕里斯和哈迪斯，出自意大利雕塑家奥塔维奥·莫斯托之手。这四组雕塑充满了艺术与浪漫的气息，为整个花园增添了浓厚的文化氛围。

置身于奥地利的大自然之中，仿佛进入了一个音乐与美景共舞的仙境。漫步在美丽的花园，聆听着曼妙的音乐，沐浴着温暖的阳光，享受着这份难得的宁静。

约旦

魅力古国

Jordan

约旦哈希姆王国，位于亚洲西部的阿拉伯半岛西北部。地势西高东低，西部多山地，东部和东南部为沙漠。约旦相对缺乏淡水资源，石油资源并不丰富，旅游业是其支柱产业之一，每年都有超过数百万的游客到访。

这个国度充满神秘魅力，让人心生向往。在这里，游客可以领略各种独特的人文自然景观：有跻身“世界新七大奇迹”的“玫瑰古城”佩特拉、宛如火星般的“月亮谷”瓦迪拉姆、美丽且神奇的死海以及无数壮美的峡谷。大自然的鬼斧神工和奇幻奥妙让人惊叹不已，人类在大自然的雄伟面前显得如此渺小，只有亲身体验大自然的神奇，才能真正感受到心灵的震撼，让人永生难忘。

文化推荐人：胡萨姆·侯赛尼（Hussam A.G.Al Husseini）
约旦哈希姆王国时任驻华大使

胡萨姆·侯赛尼大使与梅卿女士亲切握手，传递友好情谊

梅卿：这是一个闻名世界的国家，它凭借独特的风情和神秘感，一跃成为欧美电影，尤其是科幻大片最热衷的取景地之一，它就是约旦。有请文化推荐人约旦哈希姆王国驻华大使胡萨姆·侯赛尼阁下。

大使：大家好，我是约旦哈希姆王国的驻华大使胡萨姆·侯赛尼。

梅卿：欢迎大使阁下，欢迎文化观察员苏芩老师。

苏芩：大家好，我是苏芩，非常开心来到“梅卿看世界”。

梅卿：说到约旦，很多人会想到死海，为什么人们喜欢去死海漂浮？

大使：死海是约旦的一个著名旅游景点，是世界陆地最低处。它的盐分含量极高，游客可以轻易地躺在水面上漂浮起来，这也是它吸引众多游客的原因之一。此外，死海还拥有丰富的矿物质含量，游客可以享受在死海中的“按摩效果”，让身体重新焕发活力。因其含有的高浓度矿物质和盐分对于缓解一些皮肤疾病、关节炎等有一定效果，所以死海也是世界著名的疗养胜地。

梅卿： 死海的气候温和，空气中的氧分含量较高，对于精神压力和旅途疲劳也有一定的缓解作用。除了死海漂浮的养生方式之外，还有其他的养生方式吗？

大使： 当然有，另一种健康养生的方法就藏在我带来的这些约旦美食中。约旦的宴席一般都是先从糕点开始，比如加了各种馅料的糕点，有芝士馅、百里香馅、菠菜馅、肉馅，等等。我们还有一道特色小吃叫“炸土豆沙拉三明治”，这种小吃在约旦的大街小巷随处可见。另外，还有鹰嘴豆泥和茄子泥，其中茄子泥是用茄子和芝麻油做成的，有时会拌入沙拉，这

健康养生的约旦美食

些通常是阿拉伯地区的开胃菜，非常受欢迎。

梅卿：除了这些糕点、开胃菜，约旦的主食又有哪些呢？

大使："上下颠倒"是约旦非常受欢迎的主食之一，先在锅里放入鸡腿或鸡胸、土豆等，再盖上米饭。烹饪完成后，把整个锅翻过来，这样米饭在下面，肉在上面，所以命名"上下颠倒"。另一道是人人都爱的手抓饭，它是用大米、肉和干酸奶制作而成，最后洒上一些坚果，非常美味。虽然看起来有些油腻，但实际上恰恰相反。中国朋友如果有机会去约旦，一定要记得品尝一下。

梅卿：大使阁下，约旦人每天吃饭是不是都会放一些坚果？

大使介绍约旦非常受欢迎的主食——"上下颠倒"

约旦草本植物展示

大使：是的，坚果不仅可以增加食物的口感和香味，还具有很高的营养价值。除了坚果，我们也会放入一些特别的草本植物。第一种是洋甘菊，它的药用价值在于健胃消食，同时还能缓解紧张、头痛和失眠等症状；第二种是百里香，百里香具有芳香的气味，很早的时候就作为一种香料蔬菜出现在我们的生活中，它具有强化神经组织的特别功效，好处之一就是提神醒脑，对人体的能量供给和改善血液循环起到了积极作用；第三种是鼠尾草，它具有帮助改善胃部不适、缓解疼痛等功效；第四种是茴香，茴香在约旦非常受欢迎，它的健康益处包括降低胆固醇，特别是对于杀灭肠胃里的有害细菌有着非常明显的作用；第五种是苦苹果，苦苹果不仅有健胃的作用，对体内的肠道疾病也有好处，它是非常传统的药材，一般是把它碾磨成粉末后使用。这些草本植物的用量要根据个人情况适量选取，当然除了这些，我们还有非常受欢迎的阿拉伯咖啡。它的制作方法独特，一般在宴席结束或者一顿美餐之后，喝几杯阿拉伯咖啡会有助于消化，这些都是我们保持身体健康的方法。

梅卿：通过大使阁下的介绍，我得到一个启示——“养生最重要的是养肠胃”。肠胃好，整个消化系统都会好，各种营养才能被吸收、转化。

苏芩：俗话说“药补不如食补”，我们要学会通过日常的饮食来达到保持健康和预防疾病的目的。

梅卿：只有养成健康的饮食习惯，才能让我们的身体更健康。约旦美食不仅反映了着这个国家的独特风俗，还体现出它丰富的文化内涵。除了美味佳肴，约旦还有许多闻名世界的美景。接下来，大使阁下要向我们介绍当地的一座古城，据说这座古城 2007 年还被评为“世界新七大奇迹”之一。

大使：这座古城就是佩特拉。根据考古研究，佩特拉古城的历史可以追溯到公元前 312 年，当时它是古代纳巴泰人的首都。甚至在罗马帝国时期，佩特拉也一度成为一个繁荣的商业城市。在纳巴泰人建造的众多安居地中，佩特拉尤为突出。

梅卿：听说佩特拉的地理位置极其神秘，唯一的入口是一个狭缝型的峡谷，这应该很难被入侵，为什么后来被罗马军队占领了呢？

大使：佩特拉古城易守难攻，当时罗马军队花了很长时间包围并试图征服这里，但都没有成功，直到罗马人发现了一条往城内输水的隐秘管道。罗马人设法切断了水源，逼迫佩特拉城内的人民投降。因为水源被阻断，最终佩特拉城内的人只能投降。后来，罗马军队占领佩特拉，城内所有财富被掠夺一空，这座古城也几乎被毁。

梅卿：在那之后，佩特拉古城又经历了什么？

大使：罗马人不想让任何人发现它，希望佩特拉古城就这样被世人遗忘，他们让城内的人去别处定居，以确保这座城市不再有人居住，佩特拉就像在沙漠中被遗忘了一样。直到 1812 年，瑞士历史学家约翰·路德维希·贝克哈特来到中东，他想方设法得知了一条隐秘通道，找到了被遗忘的佩特拉。当他看到佩特拉的时候，画了一张图，并做了相关的史实调查。之后便一心专注于揭开这座古城的神秘面纱，续写它被人遗忘的篇章。从那个时候开始，佩特拉古城独特风貌开始引起越来越多人的关注。到了 20 世纪，佩特拉才作为世界上最迷人的旅游景点之一，吸引了来自世界各地的游客。

梅卿：大使阁下，佩特拉古城特殊的地理位置，是中西方往来的绝佳通道吗？

大使：是的，陆上丝绸之路这条通道非常重要，它打通了东西方贸易的往来之路。通过陆上丝绸之路，中国的丝绸、茶叶、瓷器等商品运送到这里，商人们在这里将货物重新分配，再运往其他更远的城市，所以佩特拉古城正是一个丝绸之路重要的商贸中转站，因古代陆上丝绸之路的兴盛而繁荣。丝绸之路不仅见证了在这片土地上不同文化的交织相融，更见证了约旦的发展。

苏芩：我特别想去佩特拉古城看看，想知道在这座与世隔绝的深山峡谷中，石匠们是如何修建如此巧夺天工的建筑的。

梅卿：纳巴泰人在沙漠中建造了这座城市，用他们的智慧和勤劳创

梅卿女士谛听瓦迪拉姆保护区的奥秘

造了独特的文明。除了佩特拉古城这个世界文化遗产的遗址，还有一处世界文化与自然混合遗产，同样摄人心魄，请大使阁下介绍一下。

大使：这个地方就是瓦迪拉姆保护区，它是由一系列形态各异的沙漠景观组成的。

梅卿：马特·达蒙主演的《火星救援》就在这里取景拍摄的吗？

大使：是的，可能是因为这里的地表环境与传说中的火星地貌有相似之处。我听说一艘宇宙飞船去火星需要半年的时间，但实际上可能并不需要这么久，因为你只需要从北京搭乘 10 个小时的飞机来约旦就可以了。科学家们掌握的一些证据表明：瓦迪拉姆保护区是地球上与火星表面最相似的地方。虽然这里没有生命，没有草木，只有一种难以想象的荒凉，给人仿佛置身另一个星球的感受，但是这里的空气比约旦其他地方更加清新，天空也更加清澈，可以看到明亮的星星和壮观的银河。

梅卿：瓦迪拉姆保护区的形成大概有多久？

大使：从保护区内遗留的岩画、碑文和考古遗迹中，我们能发现人类在一万年前就已经在此生活了。现在，这里已经成为沙漠爱好者和徒步旅行者的乐园，来这里，你一定能感受到沙漠的迷人魅力。

梅卿：我们常见的沙漠大多数都是像撒哈拉沙漠那样的漫天黄沙，为什么瓦迪拉姆保护区的沙漠是玫瑰色呢？

大使：因为这片区域的山体大多是砂岩构成，砂岩通常呈现红色、棕色等颜色。经过长时间的风化和侵蚀作用，当风吹过这片区域时，会把沙石吹下来，沙漠表面会覆盖一层厚厚的砂岩颗粒，当阳光照射时，就会呈现出美丽的玫瑰色。

梅卿：大使阁下，听说这个地方还有一个特别好听的名字，叫“月亮谷”，为什么会有这样一个名字呢？

大使：很久以前，流传着一个故事。月亮和地球曾是一体的，后来它们分离开来，分离的地方就是“月亮谷”。当然这只是一个传说，如果你去“月亮谷”的话，你会发现那里的地貌特征与月球表面有许多相似之处。尤其是在晚上满月的时候，你甚至能切身地感受到月亮就好像在你面前一般，这就是它被称为“月亮谷”的原因。

梅卿：为什么“月亮谷”里会有这么多巨大的岩石？

大使：“月亮谷”里之所以会有这么多巨大的岩石，主要是因为地壳运动和构造变动的作用。这些岩石在地质变革时期受到沉积作用的影响，形成了不同的地质层次。随着时间的推移，风化和侵蚀的力量开始对这些地质层进行作用，导致部分岩石逐渐失去了支撑，形成了不同高度的岩柱。

梅卿：这就是岁月的力量，它改变着一切。在这些巨大的岩石中，听说有一个悬空的岩石。

大使：是的，“月亮谷”内确实有一块悬空的岩石，这块岩石位于“月亮谷”的边缘，看起来像是被放置在半空中的一块巨石。看似危险，但是很安全，也很好爬上去。之前我看到一则新闻，有一对新婚夫妇来到这个悬空的岩石上拍摄婚纱照，照片拍得非常美，所以这个拍摄地点非常有吸引力。

苏芩：我想到了一句诗叫“造化钟神秀”。我心目当中一直认为沙漠是最浪漫的地方，可能是从小读三毛作品的缘故。尤其是三毛笔下的撒哈拉沙漠，“每想你一次，天上飘落一粒沙，从此形成了撒哈拉”。我之前对沙漠是比较恐惧的，因为沙漠漫漫无边，里面又没有水源，看到的景色永远都是那种枯燥的黄色，令人产生一种恐惧感。但是听完大使阁下的介绍，玫瑰色的沙漠让我心动，我特别想鼓动身边的情侣去那里度蜜月。听说它周边有很多特别好的酒店配套设施，同时也是情侣拍摄婚纱照的打卡胜地。而且，大使阁下讲的传说故事寓意特别好，日和月交汇的地方，多浪漫啊！

梅卿：我觉得对于女生来说，瓦迪拉姆保护区的浪漫气氛可能更加吸引人。而对于男生来说，瓦迪拉姆保护区的地貌环境可能更激发他们的冒险精神，在这里，他们可以尝试徒步、野营、探险等各种活动，这些活动都需要一定的勇气。即使我们现在上不了火星，但亲自到约旦去感受一下，一定会觉得不虚此行。感谢大使阁下和苏苓老师的分享，再见！

“梅卿看世界”——约旦播出时间：2020 年 1 月 25 日

左起：子骞、梅卿、胡萨姆·侯赛尼、苏苓

《约旦：魅力古国》手记

约旦，一个承载着深厚历史底蕴的国度。它位于中东地区是连接亚洲、非洲和欧洲的重要交叉点。自古以来便凭借其独特的地理位置成为东西方贸易与文化交流的重要桥梁，这一角色至今依然显著。在中东的宏伟历史画卷里，约旦以其丰富的历史文化积淀脱颖而出，成为一处充满神秘色彩的古老领地。这里不仅坐拥令人叹为观止的死海奇观，还拥有众多无价的文化遗产，以及风味独特的美食佳肴，每一处景致与文化体验都散发着难以抗拒的魅力。尤为值得一提的是，约旦在《孤独星球》2019 年的评选中荣获“十大最佳旅行国家”的称号，这一荣誉再次印证了其作为旅游目的地的非凡价值。

约旦首都安曼，是一座历史悠久的山城，坐落在七个山顶之上，因此享有“七山之城”的美誉。作为约旦哈希姆王国古老的首都，安曼同时也是一个现代化的都市。这座城市的建筑物依山而建，层层叠叠，设计精巧，别具一格。从古老的城堡和清真寺，到现代的摩天大楼，这些建筑和谐共存，共同展现了安曼深厚的历史底蕴和现代化的发展。一片片绿瓦恰当地装饰着白色的屋顶，好似祖母绿宝石镶嵌在洁白无瑕的美丽画卷上，因此，安曼也被称为“白色之城”。早在 3000 多年前，安曼就是一个小王国的首都，当时被称为拉巴斯·安曼。随着时间的推移，安曼不断发展壮大，如今已经从最初七个山顶扩展到近二十个山头。这座城市分为新城和旧城两部分，新城以现代的建筑为主，包括体育馆、文化馆、剧场、纪念馆等，这些设计新颖的建筑为这座古老的城市增添了时尚、年轻和魅力。而旧城则保留了大量东罗马时期的遗迹，如斗兽场、露天剧场和宫殿等，这些遗迹充满了浓厚的阿拉伯风情，仿佛在讲述这里曾经发生过的故事。

城堡山是约旦安曼的制高点，这里曾经是安曼最初的要塞，具有重要的历史地位。山上还有一座博物馆，虽然规模不大，但是很精致，里面陈列着新石器时代、古希腊、罗马晚期和阿拉伯人统治时期的文物和相关遗迹，这些珍贵的展品充分展示了约旦丰富多样的历史文化遗产。安曼城堡山的古遗迹主要有伍麦叶宫和一些重要的石柱。伍麦叶宫是阿拉伯帝国伍麦叶王朝在城堡山建立的王宫，虽经历了千年岁月的洗礼，但残存的古建筑依然能展现出当时阿拉伯建筑的风采。从城堡山的制高点俯瞰整座城市，可以看到山城风光旖旎的美景。在城堡山脚下，有一座古罗马剧场，可以容纳近 6000 人。这座剧场巧妙地嵌于山壁三侧，建造者充分利用了声学原理。坐在剧场的任何位置，舞台上歌唱、朗诵、演讲的声音都可以清楚地听到。如今，这座剧场仍然是重要的文化活动场地，定期举行各种演出。

从安曼驾车出发，向北行驶一段距离后，就来到了约旦最受欢迎的旅游景点之一——杰拉什。这座古城的历史可以追溯到公元前 6500 年左右，是人类早期居住的重要地点之一。杰拉什的发展在罗马帝国时期达到鼎盛，至今仍被认为是保存相对完整的罗马时期城镇之一。在这里，你可以看到宏伟而正规的罗马都市建筑规划，街道铺设着石块，两侧廊柱林立。山顶上有一座壮观的庙宇，而市中心则有一个富丽堂皇的剧场以及宽敞的公共广场；此外，还有多个浴场和喷泉等设施。虽然现在这些建筑都是断壁残垣，但通过林立的廊柱、巍然屹立的庙宇以及雕刻精美图案的石基和石梁，我们仍然可以想象这里曾经拥有的辉煌历史。杰拉什的建筑风格、宗教信仰和语言都展示了多种文化如何相互协调和融合共存的过程，为后人提供了宝贵的文化交流和融合的历史见证。

约旦杰拉什古城中的每一块砖、每一片瓦，都仿佛在诉说着一段古老的故事。它们见证了杰拉什这座城市在岁月长河中经历的种种劫难与繁华，沉淀了深厚的历史底蕴。这座古城不但是约旦的骄傲，更是世界文化的瑰宝。

伊朗

波斯秘境

对于许多人来说，伊朗是一个充满神秘色彩的国家，历史上曾被称为“波斯”。该国大部分国土位于伊朗高原，地理位置优越。凭借独特的自然地理环境和璀璨的波斯文明，伊朗拥有着极为丰富的旅游资源：截至 2019 年总计有 22 处世界文化遗产和 2 处世界自然遗产。

早在两千多年前，中国与伊朗就已频繁进行经贸往来。如今，在伊朗国家博物馆内，珍藏着大量元代青花瓷器。这些珍贵的文物正是两大古老文明因古丝绸之路而结缘的见证，留下了友好交往的千古佳话。

文化推荐人：穆罕默德·克沙瓦尔兹扎德（Mohammad Keshavarzzadeh）
伊朗伊斯兰共和国时任驻华大使

穆罕默德·克沙瓦尔兹扎德大使怀着愉悦的心情来到“梅卿看世界”节目，与大家共同领略伊朗的文化魅力

梅卿：伊朗地处西亚的心脏地带，素有“欧亚陆桥”和“东西方空中走廊”之称。有请文化推荐人伊朗伊斯兰共和国驻华大使穆罕默德·克沙瓦尔兹扎德阁下。

大使：大家好，我是伊朗伊斯兰共和国驻华大使穆罕默德·克沙瓦尔兹扎德。

梅卿：欢迎大使阁下，欢迎文化观察员苏芩老师。

苏芩：大家好，我是作家苏芩，非常开心来到“梅卿看世界”。

梅卿：大使阁下，我听说伊朗人非常爱喝茶，而且伊朗的茶文化与中国茶文化有着很深的联系渊源，请您介绍一下。

大使：在古代，伊朗和中国通过陆上丝绸之路联系在一起，商贸往来密切。两国之间文化的交流，不仅增进了两国人民之间的相互了解和友谊，还促进了两国的经济发展。“茶”作为一种文化交流的纽带，在这些方面发挥了积极作用。“茶”在波斯语里的发音和中国“茶”的发音相似，古代陆上丝绸之路连接了波斯文化和中国文化。在伊朗，茶不仅是一种饮品，更是一种文化象征。伊朗的茶文化与伊斯兰教相结合，非常具有当地特色。

梅卿：在伊朗，茶点是一种与伊朗茶配套的小吃，今天在现场，大使阁下也为我们准备了伊朗的特色茶点和茶，请您介绍一下。

丰富多样的伊朗特色茶点

大使：在伊朗，我们会用藏红花茶招待客人。为了增加茶的口感和味道，我们会在藏红花茶里加入一些香料，比如豆蔻、桂皮等。同时还用各地区的一些特色手工甜品来招待宾客，如伊朗克尔曼沙赫省的米糕、亚兹德省的巴哈拉瓦糕点和一些干果类甜品，其中一种甜点在伊朗有着悠久的历史和独特的制作方法，我们现在仍然用它来招待客人。

梅卿：从这些甜品中，我发现伊朗人特别爱吃甜食，连喝茶也要配

精美的伊朗茶具

一个亮晶晶的糖棒。

大使：在伊朗，人们喝茶习惯配糖棒，你可以将糖棒插入沏好的茶水中，也可以将糖棒直接咬一小块含在口中，就着糖喝茶。

梅卿：这倒是挺特别的。平时伊朗人是在家里喝茶还是去茶室喝茶？

大使：我们喜欢和朋友聚在一起喝茶聊天，通常会去茶室。参加家庭聚会，主人给客人提供的第一杯饮品就是茶，因为茶能拉近彼此之间的友谊。如果你想邀请一位朋友来家里做客，你可以对他说："请到我家里喝杯茶。"我觉得这和中国的文化很相似。

梅卿：以茶待客是中国非常普遍的日常生活礼仪。中国人饮茶，注重一个"品"字，"品茶"不只是鉴别茶的优劣，还带有神思遐想和领略饮茶情趣之意。为了更好地体会茶中真趣与意境，人们对饮茶的环境十分讲究。大使阁下，听说在伊朗有很多茶室，装修风格有什么不同吗？

大使：现在我们茶室的装修风格基本有两种，一种是现代风格，另一种是传统风格。泡茶用的主要器具是波斯茶壶。它由一个蒸汽小炉和一个放置茶叶的茶壶组成，通常用于家庭或社交聚会。在伊朗，传统的茶壶是大多数厨房的必备品，而使用铜壶泡茶也是一种常见的习惯。在过去，人们还能在茶室里欣赏到表演，类似剧院里看到的戏剧。我们有一个非常著名的史诗巨著——菲尔多西的《列王纪》，里面就有描写茶室的内容。人们聚在这里谈天说地，不仅可以品尝各种美味的茶水，还可以欣赏音乐、诗歌和故事表演等，展现了当时社会的风俗和文化。

梅卿：大使阁下，为什么伊朗人喜欢去茶室喝茶？

大使：茶已经成为我们聚会交流和分享的一种形式。不管是在私人的住所，还是公共的娱乐茶室，朋友之间都可以交换意见，彼此开怀洽谈，而且交流中可能会促成双方贸易的达成。

苏芩：我觉得现在的中国年轻人也越来越喜欢喝茶，尤其是在茶室里品茶、聊天或谈生意。茶室提供了一个舒适、安静的环境，让人们可以放松身心、享受茶香，同时也可以进行深入的交流和沟通。

梅卿：以茶会友、抒怀叙旧。伊朗除了茶文化外，还有哪些特色文化？

大使：我们除了有非常独特的茶文化，还有非常值得称道的建筑文化。在亚兹德古城，你会发现许多有特色的建筑，我们称为“风塔”。许多人不知道它的用途，其实这是过去伊朗工程师和建筑师设计的一种建筑，用来收集风，让房间变得凉爽。因为伊朗境内大部分地区都属于沙漠气候和半沙漠气候，这种气候最大的特点就是干热季节特别长，降水特别少。过去的伊朗没有空调，白天的温度非常高，所以伊朗工程师和建筑师发明了这种风塔建筑。

梅卿：大使阁下，请问风塔是如何收集风的？

大使：风塔顶端部分四面镂空，无论风向来自何方，都会被引进风塔之中。当风从塔楼吹进建筑内部进入到塔楼底部的一个水池，风吹过水池表面，加快水分蒸发，进一步降低了室内温度。如果是大型建筑会有几个水池，水池与水池间都是相连的，或者水池里的水与外面的水渠相连，它不使用任何动力，只利用自然风力和室内外的温差来完成空气的对流和温度的调节，使室内更为舒适。

梅卿：我很佩服伊朗的工程师和建筑师，他们设计的风塔建筑体现出一种生活的智慧。他们在什么时期发明的风塔呢？

大使：风塔的历史可以追溯到数千年以前。在伊朗的亚兹德古城，风塔是一种非常常见的建筑形式，几乎每个街角都能看到一座风塔。即使在现代社会，空调已经成了许多建筑物中必不可少的设备，但风塔仍然受到人们的喜爱和欢迎。

梅卿：是的，风塔不仅是一种实用的建筑形式，也是一种具有文化意义和历史价值的文化遗产。苏芩老师，您去过伊朗吗？

苏芩：去过。

梅卿：您当时去伊朗的时候看到过这种风塔吗？您有什么样的感受？

苏芩：伊朗有许多这样的建筑，但当时我并不知道它就是风塔。我去伊朗的时候天气非常热，到当地人家里拜访时，曾近距离地看到过风塔的内部结构。风塔内的风管通道有点像风琴的风箱，被分割成几块区域，当风吹入，屋里会四面透风，非常凉爽。

梅卿：大使阁下，风塔旁边的穹顶建筑起到了什么作用呢？

大使：这也是伊朗工程师和建筑师根据当地环境设计的。因为我们处在一个炎热的环境中，所以穹顶设计有利于空气流通。如果从空中俯瞰穹顶建筑，你会发现它的顶是一个圆形。当太阳直射时，建筑物的大部分处于阴影之中，这使得建筑物内部不会受到阳光直射，从而减少了热量的进入。而且穹顶建筑具有独特的建筑风格和装饰元素，成为我们城市景观的一部分。特别值得一提的是伊朗穹顶建筑在建造时没有使用一根柱子，非常了不起。

梅卿：伊朗是一个有着千年历史的文明古国，它的建筑艺术是历史与文化的积淀，是先人遗留下来的灿烂文化。其中，手工艺品堪称其文化长河中的重要瑰宝，大使阁下也给我们带来了一件伊朗的手工艺品，请您介绍一下。

大使：我给大家带来的伊朗特色手工艺品是“米娜”。

伊朗文化瑰宝“米娜”，深深吸引着梅卿女士的目光

梅卿：我一直以为“米娜”是琉璃做的，拿在手上才发现它很轻，请大使阁下介绍一下“米娜”的材质。

大使：“米娜”是由铜制成的。

梅卿：您能为我们讲解一下它的制作流程吗？

大使：首先，匠人们把铜放进火里塑形，接着用锤子敲打出各种凹凸有致的形状。然后漆上白色釉，在烤箱里进行高温固色，反复几次，最后绘上美丽的图案。大部分的“米娜”是以天蓝色为底色，再加上绚丽的色彩与之交相辉映，形成一幅美丽的画卷。

苏芩：“米娜”已经成为了一种代表性的伊朗手工艺品，其精美的设计和工艺赢得了全球各地游客的喜爱。它最大的一个特色就是“每一件都是独一无二的”。我在伊朗大巴扎想买两个一模一样的“米娜”，但怎么找也找不到，可能两个“米娜”乍一看很像，但是在细节上又不同。伊朗工匠非常重视手工艺品的个性化，所以我觉得这是伊朗手工艺品特点的重要体

精美绝伦的伊朗手工艺品——“米娜”

穆罕默德·克沙瓦尔兹扎德大使解说“米娜”制作工艺流程

现。

梅卿：大使阁下，请问这些手工艺品是用来欣赏的，还是作为伊朗人的日常用具呢？

大使：“米娜”手工艺品既具有观赏价值，又可以作为日常用具。我们平常也会用它，因为它是铜做的，通常比玻璃等易碎材料更坚固耐用，长久保存也不会褪色，持久光亮如新。

梅卿：像“米娜”这样的传统手工艺，在伊朗还有传承吗？

大使：有的，因为“米娜”在伊朗的手工艺品中占有重要的地位，我们有一个部门专门负责保护这种文化遗产。伊斯法罕是伊朗著名的城市之一，这里的“米娜”手工艺者非常多，制作的“米娜”手工艺品在国内外享有很高的声誉。

梅卿：除了精美绝伦的“米娜”，波斯地毯也是伊朗著名的传统手工艺品之一。苏芩老师，您去伊朗时买过当地的地毯吗？

苏芩：肯定啊。我在挑选地毯的时候，发现有的地毯上会有签名，询问当地人才知道，最好的地毯都有签名，买这样的地毯才有收藏价值。所以当一块地毯编织好后，我们不光要看它的外在美，还要关注它背后所积淀的时间和历史，这些同样是它的价值所在。

梅卿：我们穿行在伊朗的文化中，从茶文化，到风塔建筑，再到"米娜"艺术，全方位地了解了这个古老而迷人的国家，通过了解其背后的故事和文化内涵，可以更好地传承和保护这些珍贵的文化遗产。感谢大使阁下和苏芩老师的分享，再见！

"梅卿看世界"——伊朗播出时间：2020 年 2 月 1 日

左起：苏芩、梅卿、穆罕默德·克沙瓦尔兹扎德、子骞

《伊朗：波斯秘境》手记

伊朗，一个有着四千多年历史的文明古国，长久以来一直是东西方贸易的重要枢纽。通过古代的丝绸之路，往来的商人们将中国的丝绸、造纸术、印刷术、漆器、瓷器、火药、指南针等物产和技术传到伊朗（古代的波斯），波斯的葡萄、胡桃、石榴等物产也走进了中国的千家万户。历史悠久的古丝绸之路，不仅见证了东西方两大古老文明的交流与碰撞，更实质性地促进了它们的经济与文化融合，深化了两国人民之间的友谊和相互理解。

位于伊朗西南部的扎格罗斯山区一处盆地中的波斯波利斯，是古代波斯阿契美尼德王国的首都。整个古城巧妙地利用地形，依山造势，将自然之地理形貌和人类之艺术精华完美地融汇在一起。波斯的建筑融合了埃及、巴比伦、希腊各民族的艺术成就，形成自己独特的雄伟壮丽的风格。这座皇家之城凝结了古代波斯阿契美尼德王国的建筑、城市规划、结构工程、艺术的精华，为伟大的古代文明留下了一份珍贵见证。波斯波利斯是一座历史悠久的城市，其巨大的台基始建于公元前 518 年，由阿契美尼德王国的国王大流士一世建立。在这座台基之上，继任的国王建起了一座座梦幻般壮丽华美的宫殿，包括觐见厅、大会厅、百柱宫、宫殿、宝库、储藏室等，其中最为壮观的是觐见厅和百柱宫。觐见厅是国王用来接见外国使节的场所，而百柱宫则拥有百根擎顶石柱，展现出恢宏的气势。在通往觐见厅的石阶路上，两侧墙面装饰着精美的浮雕，生动地刻画了来自不同属国和民族的朝贡团列队前行的场景——他们或是手捧金银珠宝，或是牵着狮子、麒麟、双峰骆驼等动物，以宏大的方式展现了波斯帝国的庄严壮丽，同时也反映了波斯帝国的繁荣昌盛。这些浮雕栩栩如生，历经 2500 多年依然保存完好，使波斯波利斯成为现存最大的阿契美尼德艺术陈列馆。此外，不同国家的进贡队伍在浮雕中展现了各自独特的服饰和贡品，堪称古代西亚地区各民族衣着风俗和生活风貌的民俗博物馆。1979 年，波斯波利斯被联合国教科文组织认定为世界文化遗产，这也是伊朗首个世界文化遗产。

手工艺品是伊朗悠久历史中的重要文化瑰宝。从享誉世界的波斯地毯到独具匠心的浮雕铜器、锡器、铁器，从手工绘制的各式盘盘罐罐到天然染料染制的布艺长巾，再到各类精美的首饰和挂画，每一件都凝聚着伊朗人民的勤劳与智慧，并散发出浓郁的文化气息。伊朗的手工地毯无疑是其文化中最具吸引力的部分。现存最古老的波斯地毯名为“帕兹里克”，其历史可追溯至 2500 多年前。这块地毯是在俄罗斯的帕兹里克地区被发现的，现在珍藏于俄罗斯的一家博物馆内。“帕兹里克”地毯是由羊毛编织而成，四周的图案展现出各种动物形象，而动物的外围则描绘了西亚的游牧民族。这种设计不仅展现了伊朗人民的日常生活，还巧妙地传达了人与自然和谐共生的理念。对于伊朗人来说，地毯不仅是一种保暖和装饰的用品，还是伊朗文化、历史和艺术的独特载体。伊朗的民族文化深深地融入了地毯的制作。同时，地毯的艺术性和装饰性能美化生活环境，而其丰富的图案和色彩则充分展现了伊朗人民的卓越艺术天赋。

在这片神秘又美丽的土地上，波斯帝国为人类留下了许多宝贵的遗产：精美的手工艺品和古老技艺，在历经千年的时光后依然熠熠生辉。这些辉煌的古城，无不展现出伊朗深厚的文化底蕴和独特的艺术风貌，令每一个到访者都能领略到其迷人的魅力。

缅甸
宁静而欢愉的理想世界

缅甸，东南亚旅行处女地，就像隐匿于深山中的隐士，披着一层神秘的面纱。曾有一期《中国国家地理》封面上的照片震撼了世人，它名为《多少烟云佛塔中》。在金黄色的夕阳余晖下，大地仿佛被一层温暖的纱幕轻轻覆盖。一缕轻烟若有若无地漂浮在天际，与稀疏的荒草共同映衬着那些赭红色的古塔，它们静静地矗立，华丽而凄美，这里就是缅甸的古都——蒲甘。来到蒲甘，一定要乘坐一次热气球，从空中俯瞰那些被绿树掩映下的万千佛塔，这种体验令人毕生难忘。

这里不仅有壮丽的佛教塔群，有与吴哥窟相媲美的历史遗迹，还有乌本情人桥上的浪漫情怀、茵莱湖畔的水上风情以及仰光大金塔前的人间百态。在这片神秘的土地上，或许还隐藏着许多尚未被世人发现的绝美景色。

文化推荐人：苗丹佩 (Myo Thant Pe)
缅甸联邦共和国时任驻华大使

苗丹佩大使非常期待与大家一同感受缅甸的文化韵味

梅卿：缅甸，中南半岛国土最辽阔的国家，也是旅游资源最丰富的国家之一。有请文化推荐人缅甸联邦共和国驻华大使苗丹佩阁下。

大使：大家好，我是缅甸联邦共和国驻华大使苗丹佩，非常开心来到“梅卿看世界”。

梅卿：欢迎大使阁下，欢迎文化观察员姜波老师。

姜波：大家好，我是姜波，很高兴和大家见面。

梅卿：中缅两国是山水相连的友好邻邦，中缅两国之间的友谊是从什么时候开始的？

大使：中缅两国之间的往来可以追溯到很久之前，公元 8 世纪至 9 世纪时，就开始有缅甸的商队来往中国长安（现在的西安）。

中缅两国人民之间的友情也就是从那时候开始建立的。而新中国成立后，两国于在 1950 年 6 月 8 日正式建交。在 1950 年至 1965 年间，两国人民与政府建立了深厚的友情。这为今后双边关系的发展奠定了坚实的基础。在此基础上，两国的关系不断发展。

梅卿：在中缅建交 70 多年间，我觉得特别能够体现中缅两国友好交往的历史渊源的高光时刻，就是 1956 年我们敬爱的周恩来总理访问缅甸的历史时刻。

大使：是的。在缅甸，有很多百姓都知道周恩来总理，他对两国外交关系的改变做出了重要的贡献。缅甸人民习惯把周恩来总理称为“和平的外交使者周总理”。周恩来总理曾九次访问缅甸，他在那里有很多朋友。1960 年 4 月，周恩来总理到缅甸访问的时候，也参加了我们的泼水节。

梅卿：听了大使阁下的介绍，我们仿佛看见了敬爱的周恩来总理在缅甸泼水节上快乐的身影。泼水节是缅甸人民的一个重要节日，那它的来历能给我们介绍一下吗？

大使：泼水节是缅甸的农历春节，每一年的时间都不同。根据农历和公历的转换，我们的泼水节一般是在公历的 4 月中旬。泼水节在缅甸的历史可以追溯到数世纪以前，当时我们就有了以泼水庆祝新年的传统。泼水节上人们会在银碗里盛满“圣水”，因为“圣水”是一种非常干净纯洁的水，然后用一根枝条从银碗里蘸取“圣水”，轻轻地向别人身上抖洒。因为在缅甸人眼中，“圣水”有祝福、驱邪、奉献的含义，所以人们以这种相互泼水的方式，洗净彼此过去一年身心的肮脏污秽，让自己焕然一新地去迎接新的一年。

梅卿：所以泼水节的水也寓意着平安、美好与幸福。

文化观察员：姜波

姜波：我觉得世界各民族，对水都有一种崇敬之心。水是生命之源，人类的起源、生存、延续都离不开水的滋养。自古以来，人类就懂得择水而居的生存方式。不同地方的水，孕育着不同的文化。水作为最洁净、最神圣的物质，对我们的心灵、思想和肉体进行洗礼，所以水对于我们人类来说是非常重要的。

梅卿：在我们的印象当中，节日往往都是载歌载舞，在缅甸的泼水节上会跳什么舞蹈？

大使：在泼水节上，我们会跳传统的“泼水节舞蹈”。这种舞蹈的形式非常特别，一般在泼水节前几天就开始表演。舞者通常都是女性，年龄则没有限制，不论你是少女还是老妇人都可以加入其中。泼水节舞蹈团队至少由十个人组成，她们身着统一的服装，戴上华丽的饰品，做着整齐划一的动作，随着音乐翩翩起舞。

梅卿：说到泼水节音乐，我印象中我国傣族的泼水节音乐是用葫芦

梅卿女士体验缅甸泼水节传统仪式

丝吹奏的，非常具有傣家风情。那缅甸的泼水节音乐有什么特点？

大使：我们泼水节的音乐节奏非常快，通常搭配缅甸传统鼓，再跳起独特的舞步，造就了泼水节音乐盛典的与众不同。泼水节整场活动象征着团结、力量与合作，因为舞者与鼓手要相互配合、相互协调，才能呈现出一场精彩的演出。从 20 世纪五六十年代开始，泼水节舞蹈就出现了许多不同的形式。

梅卿：感受到了浓浓的节日氛围之后，大使阁下要为我们介绍一个古城，听说那里放眼望去尽是佛塔。这让我想到杜牧的两句诗——“南朝四百八十寺，多少楼台烟雨中”。大使阁下，请问缅甸真的有类似诗中描写的景象吗？

大使：是的，这个地方就是缅甸中部的蒲甘古城，它是著名的旅游胜地。2019 年，蒲甘古城被联合国教科文组织评定为世界文化遗产。据考证，蒲甘古城是从公元 9 世纪到 13 世纪期间建立的，那里有成千上万座寺庙和佛塔。到今天，这些佛教建筑依然屹立在原地。

梅卿：蒲甘古城对于现在的缅甸具有着怎样的文化意义？

大使：当大家到蒲甘古城参观的时候，会感觉时光都凝固了，这也是它如此吸引人的一个原因。数世纪以前，这里还是经济和行政中心，当时有很多人到这里来学习文化，比如佛学、法学、古代文学、古代医术、心理学、哲学等各种知识。当时这里吸引了许多外国专家学者交流考察。历史上的蒲甘像是一个建筑艺术中心，同样也是一个宗教圣地，在缅甸的历史文化长河中扮演着非常重要的角色。

梅卿：我听说蒲甘古城曾经遭受过地震灾害，受损严重，中国文物专家还专门去缅甸帮助修复地震中受损的佛塔，请您介绍一

“万塔之城”蒲甘古城

下。

大使： 20 世纪 70 年代，蒲甘古城就遭遇了大大小小数十场地震。当时我还是个孩子，我依稀记得地震造成许多的佛塔、寺庙轰然倒地。2016 年，蒲甘古城又发生了一场大地震，许多古迹在地震中受损，好在有中国的文物修复专家帮助全面修复那些在地震中受损的佛塔。因此，缅甸政府和人民非常感激中国人民。

梅卿： 我觉得中国的文物修复专家不仅是在修复文物，更是在接续被打断的历史和文明脉络。如果说蒲甘古城向世人展示着缅甸辉煌的历史和灿烂的文化，那深受当地人喜爱的藤球运动又有着怎样的魅力？请大使阁下介绍一下。

大使： 藤球是一种独特的古老体育运动项目，很多人认为藤球只是

梅卿女士被古老而独特的藤球运动深深吸引

一个消遣的玩具。但实际上，藤球也是一门艺术。很久以前，藤球表演者只为达官贵族表演，一般由三四个人组成，有时也会有五六个人。规则非常简单，就是用除手和胳膊以外的任何身体部位击球，防止球落地，可以用头部、肩膀、肘部、膝盖、腿部和脚。虽然藤球表演看上去非常简单，但是其中有很多的技巧需要掌握，比如怎样把背后的球运到身前，或者把身前的球传到身后，这实际上是非常困难的。所以说，藤球不仅仅是一项运动，更是一门可以欣赏的艺术。

梅卿：我觉得缅甸的藤球和中国古代的蹴鞠很像。姜波老师，您对蹴鞠有什么了解吗？

姜波：“蹴”是用脚踢的意思，“鞠”最早是外包皮革、内实米糠的球，类似现在的足球。西汉学者刘向在其《别录》中写道：“蹴鞠者，传言黄帝所作。”战国时期，随着社会经济的发展和民众文化生活需求的提升，蹴鞠逐渐从宫廷传入民间，成为一项广受欢迎的娱乐活动。汉代，蹴鞠不仅在民间盛行，还被巧妙地融入军事训练中，用以锻炼士兵的灵活性、协调性和团队精神。到了唐代，随着社会生产力的进步以及东西方文化的深入交流，蹴鞠的制作技术取得了显著提升。原本由兽皮包裹、内部填充毛发的实心鞠，逐渐被更加轻便、弹性更佳的充气鞠所取代。这一技术变革不仅极大地增强了蹴鞠的趣味性，还有力地推动了蹴鞠运动的进一步普及与发展。宋代，蹴鞠迎来了其历史上的鼎盛时期，无论是宫廷宴会还是民间节日，蹴鞠都成为了不可或缺的节目。与此同时，蹴鞠的规则日益完善，玩法也更加多样化，除了传统的直接对抗外，还涌现出了技巧表演、花式蹴鞠等多种形式，这些与现代藤球表演有着诸多相似之处。

苗丹佩大使介绍东南亚国家非常受欢迎的藤球运动

梅卿：大使阁下，请问现在的藤球运动在哪些国家比较流行？

大使：藤球运动在东南亚地区深受民众喜爱，拥有广泛的群众基础。作为一种独特的球类运动，藤球凭借其别具一格的规则和高超的技巧，吸引了众多爱好者的积极参与。从比赛规则上来看，藤球与排球在某些方面形成了鲜明的对比：在排球比赛中，球员们仅限于使用手部击球，而藤球则严格禁止手部触碰球，这一显著的规则差异赋予了藤球独特的挑战性和观赏性。尽管藤球在击球方式上有所限制，但它与排球在比赛形式上却存在相似之处——两者均为隔网对决的运动项目，要求球员们展现出卓越的反应速度、协调能力和团队默契。在藤球比赛中，每支球队上场三名队员，他们需运用巧妙的脚法、膝部或头部击球技巧，将球击过网并使其落在对方场地内，或迫使对方球员在接球时失误出界，从而得分。这种激烈的对抗和精湛的技巧展示，使得藤球比赛充满了悬念和激情。值得一提的是，为了推动藤球运动的国际化进程，2013 年在缅甸举行的第 27 届东南亚运动会上正式将藤球纳入赛程。这一举措不仅为东南亚地区的藤球爱好者提供了一个展示才华的宝贵平台，更为藤球“冲出亚洲，走向世界”奠定了坚实的基础。

梅卿：通过中缅文化的交流，我们了解到技巧高超的藤球运动，欣赏到别具一格的泼水节舞蹈，还感受到蒲甘古城的独特魅力。今天给我留下了太多的惊喜和感动。感谢大使阁下和姜波老师的分享，再见！

“梅卿看世界”——缅甸播出时间：2020 年 12 月 6 日

左起：士骁、使馆工作人员（左 2，左 3）、梅卿、苗丹佩、周彤、姜波、使馆工作人员（右 1，右 2）

《缅甸：宁静而欢愉的理想世界》手记

缅甸，这个充满魅力的神秘国度，以其亚热带气候下的旖旎风光、丰富多彩的佛教文化和浓郁的民族风情吸引着世界各地的游客。缅甸共有 135 个民族，人口较多的主要有八大民族：缅族、克钦族、克伦族、克耶族、钦族、孟族、若开族和掸族。这八大民族在文化上存在一些共同点，但也有各自的文化特色。

缅甸是一个深受传统文化影响的国家，在服饰上依然保持着丰富的民族特色。无论男女，下身都穿“纱笼”，这是热带气候下的实用与审美完美结合的产物。男性的“纱笼”称为“笼基”，而女性的则称为“特敏”。两者的穿法有所不同，男性的“笼基”在腰间系一个花球，而女性的“特敏”则在左右裙端扭成带状，相互打结。男女上衣均为右衽或对襟款式。男性的上衣多为无领对襟长袖短衫，搭配一条艳丽的薄纱或丝绸帕包在头上，作为出席盛会的礼帽。而女性的上衣多为斜襟长袖衫，衣袖长而窄，颜色多为乳白色或粉红色。这种设计既展现了缅甸独特的民族美学，又适应了热带的气候条件。妇女们通常留长发、卷发髻，并插花作为装饰。她们还特别喜欢佩戴各种首饰，如项链、耳环和手镯等，这些珠宝既是美丽的装饰，也承载着她们的文化和传统价值观。在缅甸，人们普遍喜欢穿拖鞋，尤其是在热季和雨季。这主要是因为缅甸属于东南亚热带季风气候，全年气候炎热、潮湿，并且降雨量大，穿拖鞋不但方便、舒适，而且易于清洗和晾干，非常适合这种气候条件。除了气候因素外，缅甸人穿拖鞋的习惯也与其地理环境有关。环绕缅甸东、北、西三面的群山和高原，为缅甸提供了一定的自然屏障，阻挡了冬季亚洲大陆寒冷空气的南下。南部地区没有山脉的阻挡，来自印度洋的暖湿气流畅通无阻，进一步加强了缅甸的气候特点。此外，缅甸人穿拖鞋的习惯也是一种文化符号。在缅甸，各个民族都有自己的传统服饰和风俗习惯。尽管现代社会的发展已经使得许多传统的服饰和风俗逐渐消失，但穿拖鞋的习惯仍然被保留下来。这不仅是一种实用的选择，也反映了缅甸社会的文化传统和民族凝聚力。

缅甸掸邦茵莱湖的南部村庄有一种令人叹为观止的传统手工技艺——藕丝织布。藕丝织布顾名思义并非使用蚕丝，而是利用莲花的茎部纤维制成。尽管这种技艺在文献中曾有记载，但大部分技艺已经失传，目前仅有巴东族还在传承这项古老的手艺。藕丝织布的制作过程极为繁琐，需要经过多道工序。手工艺人首先使用小刀切割新鲜的莲花梗，然后小心地抽出纤维并搓成线，再经过多道工序将其整理成织布的线。由于藕丝较为脆弱，整个抽丝过程只能采用人工方式进行。一条藕丝围巾的织造需消耗大量时间和人力。通常需要数千根荷花茎，多名工人共同协作，耗时数月才能完成。尽管如此，由于藕丝织品的独特性和稀缺性，其价值远超普通织品，甚至被誉为“最昂贵”的织品之一。近年来，缅甸的藕丝面料受到了国际时尚界的关注。其精细的质地和独特的手工技艺，使其成为设计师们的宠儿。然而，由于制作过程繁复且产量有限，藕丝织品的价格一直居高不下。这些古老的手工技艺是人类的智慧和文明的见证。它们不仅仅是一种传统工艺，更是对历史的传承和延续。然而，随着现代化进程的加速，许多传统技艺正面临着失传的风险。人们希望通过更多的努力，能够保护和传承这些珍贵的文化遗产。

在缅甸，你可以深入感受丰富的文化、探寻古老的传统，还可以欣赏美妙的景观。对于热爱大自然的人来说，缅甸更是一个充满生机的自然国度，银色沙滩和原始风貌让人流连忘返。若你渴望一次能够深刻烙印在心底、成为永恒珍藏的旅行经历，那么，缅甸将是你不可错过的理想目的地。

埃塞俄比亚
部落探秘

埃塞俄比亚联邦民主共和国，拥有丰富的部落文化和珍贵的文化遗产。埃塞俄比亚联邦民主共和国是一个多民族的国家，拥有 80 多个民族，每个民族都有自己独特的文化。历史学家康提·罗西尼将其称为“丰富的文化拼图”，恰如其分地描绘了埃塞俄比亚多元文化的魅力。由于其独特的地理位置，埃塞俄比亚长期与外界相对隔绝。然而，正是这种与世隔绝的状态，使得埃塞俄比亚原始的自然风貌和独特的文化传统得以保留。

这里有众多的山地堡垒，宜人的温带气候、肥沃的土地以及被广阔半荒漠地区环绕的美景。这里还有令人陶醉的原始风景、美味的传统菜肴、多姿多彩的舞蹈风格以及那些珍贵的古老人类化石，等待着人们去探寻。

文化推荐人：特肖梅·托加 (Teshome Toga Chanaka)
埃塞俄比亚联邦民主共和国时任驻华大使

特肖梅·托加大使非常开心来到“梅卿看世界”，与大家共同探索埃塞俄比亚的文化风情

梅卿：它有着“非洲屋脊”之称，又是世界咖啡原产地。有请文化推荐人埃塞俄比亚联邦民主共和国驻华大使特肖梅·托加阁下。

大使：大家好，我是埃塞俄比亚联邦民主共和国驻华大使特肖梅·托加，很高兴来到“梅卿看世界”。

梅卿：欢迎大使阁下，欢迎文化观察员苏芩老师。

苏芩：大家好，我是作家苏芩。

梅卿：大使阁下，我听说埃塞俄比亚的南部有一个史前遗址，周边生活着 50 多个原始部落，请您介绍一下。

大使：这个史前遗址就是奥莫低谷，奥莫低谷在 1980 年被联合国教科文组织评定为世界文化遗产。当地居住的土著人，有自己的文化传统和生活方式。不同的土著人群之间也会有接触，只不过多在集市这样的地方。平时他们都住在各自指定的区域。

梅卿：大使阁下，在众多部落中，听说有一个部落会在脸上、身上画彩绘，非常漂亮，请您介绍一下。

大使：画彩绘的部落叫卡罗 (Karo) 部落。实际上，它是奥莫低谷的一个小部落。这里的族人依靠农业为生，他们有一个非常独特的传统就是人体彩绘，他们使用的彩绘材料是从周围的自然环境中选取的。卡罗族人几乎每天都要绘制彩绘，绘画的内容也不尽相同。有的画点状图形，有的画复杂的线条花纹，总之图案取决于他们自己的想法。这是卡罗族人传统文化中非常重要的一部分，也是他们表达美的方式。

梅卿：除了卡罗部落，奥莫低谷还生活着哪些部落？

大使：在奥莫低谷周边还有一个非常迷人的部落，叫哈莫部落。因为它是一个草原部落，以游牧为主要生活方式，所以牛在哈莫部落的文化中占有举足轻重的地位。哈莫族人也有一个和牛有关的传统习俗，叫“跳牛仪式”。所谓“跳牛”，就是哈莫部落沿袭数千年的男子成人仪式。只有成功完成跳牛的男子才会被视为“成年”，同时也会得到族人的尊重和认可。“跳牛”是一个非常复杂的仪式，它不只是从牛背上跳过去那么简单。一般家里有几个未成年的儿子，会由父亲决定谁先跳，选中的男孩要做好充足的准备。到了“跳牛”那天，父亲还会邀请亲朋好友参加，与他们共同见证这个荣耀时刻。如果男孩第一次就跳过去了，那么他就会被认为是一个非常成功的人，这也意味着他的人生出现了一个重大转机。但如果他失败了，就必须再等一年，直到成功为止。

文化观察员：苏芩

梅卿：如果男孩几次都不成功怎么办？

大使：这应该不会发生。他可以失败一次，但不能一而再，再而三地失败，因为这不仅关乎他个人的名誉，还关乎这个家族的名誉。所以当父亲选择他时，他和他的家庭会非常重视，为了迈入人生的下一个阶段，他一定会竭尽所能，不会一直失败下去。

梅卿：苏芩老师，您对哈莫族的“跳牛仪式”有什么看法吗？

苏芩：我觉得哈莫族的“跳牛仪式”，其实是对青少年的一种保护，他们通过“跳牛”来测试男孩有没有能力撑起一个家庭。

梅卿：这种古老的跳牛仪式，让我们了解了原始部落的神秘魅力。

我听说还有一个孔索部落，在当地也是非常有名，请大使阁下介绍一下。

大使：孔索部落是奥莫低谷周边较大的一支部落，孔索部落之所以独特，就在于它的文化景观。2011 年，“孔索文化景观”被联合国教科文组织评定为世界文化遗产。当时我是埃塞俄比亚驻法国大使，也是联合国教科文组织代表，所以我也去了孔索部落，一起参加了埃塞俄比亚政府举办的欢庆活动，借此了解了孔索部落当地的景观。孔索人住在丘陵中，那里的土地比较潮湿。一到雨季，雨水就会把表层土壤冲走。为了保护表层土壤，孔索人设计了一个非常独特的防护系统，这个系统不仅能保护土壤，还能收集雨水，再通过收集的雨水灌溉农田。除此之外，孔索人还建造围墙来保护村庄，保护自己免受外来者、敌人或其他野生动物的伤害。

梅卿：大使阁下，孔索部落的历史有多少年？

大使：据说孔索部落有 3000 多年的历史。他们的房屋采用茅草作为屋顶材料，房屋与房屋之间由一条条羊肠小道相互连接。如果房屋破旧或损毁，孔索人会不断地在原来的地址上重建同样的房屋，所以大家看到的孔索部落几乎和 3000 年前一模一样。

梅卿：太不可思议了！

大使：是的。孔索人很有毅力，一直在维护这些茅屋。虽然他们开垦出了足够的土地，可以种田耕地，但是他们还是会回到原来的村落里。现在这里已经被联合国教科文组织评定为世界文化遗产，孔索人也开始往下游地区迁移，随着人口的增长，埃塞俄比亚的森林已经不能再像以前一样由土著居民随意开发了。另外，同哈莫部落的“跳牛仪式”一样，孔索部落也有庆祝男孩成人的仪式，叫“举石头仪式”。男孩如果能把100斤重的石头举过头顶，就证明他非常强壮勇敢，也意味着他有能力保护自己的父母和妻儿。我认为这些优秀的文化传统是孔索部落的鲜明特征。

梅卿：大使阁下，阿法尔是一个怎样的部落？

大使：阿法尔人生活在埃塞俄比亚东部的沙漠地带，这片土地位于非洲大裂谷延伸向红海的低洼地区，也被称为达洛尔凹地。这里是埃塞俄比亚非常重要的一个地区，因其出土很多重要的考古遗物而闻名。现在的阿法尔人分布在“非洲之角”的三个主要国家，其中有380万人生活在埃塞俄比亚，有大约60万人生活在吉布提，还有约3000人生活在厄立特里亚。

梅卿：阿法尔人生存的土地有什么特别之处？

大使：这片土地的特别之处在于其独特的地理环境。达洛尔凹地海拔低于海平面100多米，这里是世界上最热的地方之一。虽然这个地区干燥炎热，但有着许多美丽风景、古城遗址和地质奇观，非常值得一看。而且沿着河岸旅行，还有一座活火山，在过去的100多年间一直不断喷发，这也是非常具有挑战性的一个旅游景点。

梅卿：尽管生存环境恶劣，这里仍有阿法尔人在生活，展现出了他们特殊的生存智慧和适应能力。听了大使阁下对埃塞俄比亚的部落习俗的介绍，我感受到一种远离尘嚣，回归质朴本真的生活状态。说到质朴本真，一定要尝尝埃塞俄比亚的传统美食，现场大使阁下也带来了一些特色美食，请您介绍一下。

大使：首先，我要给大家介绍的是埃塞俄比亚人日常生活中不可或缺的一道美食——“英吉拉”，很多来这里旅游的游客都会品尝这道菜。“英吉拉”的原料是苔麸，苔麸是一种非常小

埃塞俄比亚餐桌上的灵魂主食——“英吉拉”

的谷物，是埃塞俄比亚土生土长的粮食作物，也是埃塞俄比亚最古老的谷物之一。“英吉拉”的外形呈薄片状，中心部分凸起，表面散布着许多裂纹，就像细密的蜘蛛网。“英吉拉”做好后会被放置在一个很大很大的盘子里，旁边摆满各种酱料。吃的时候，大家会围坐在一起，而不是单独享用。

梅卿：“英吉拉”的制作过程是怎样的？

大使：“英吉拉”的制作过程很简单。首先，把苔麸晒干后磨碎成粉。其次，把苔麸粉和水混合调成浆状，然后再发酵。最后烙成软饼，这就是制作“英吉拉”的基础流程，整个制作过程可能需要一到三天。

梅卿：它的口感有些类似于印度薄饼，吃起来韧性很强，经过发酵后闻上去有点酸。桌子上的菜和酱料是搭配“英吉拉”的吗？

大使：是的，桌子上这道炖菜是由土豆、胡萝卜、洋葱、豆角等蔬菜制作而成。另外还有炖鸡，炖鸡这道菜可以测试出埃塞俄比亚女士们的烧菜水平。同时我们也会配上各种酱料，有牛肉酱、鸡蛋肉酱、扁豆和四季豆制作的酱，等等。大家可以撕下一小片“英吉拉”，然后放上自己喜欢的菜和酱料，包起来放到嘴里即可。

梅卿：大使阁下，“英吉拉”有多少年的历史了？

大使：“英吉拉”的历史和我们国家一样古老，是我们传统文化中不可忽视的一部分，它代表着埃塞俄比亚人的历史、文化和

“英吉拉”丰富的配菜和酱料

梅卿女士对埃塞俄比亚人的健康饮食习惯深表赞赏

埃塞俄比亚人使用一种独具地域风情的“水罐”来煮制咖啡

传统。

梅卿：听说“英吉拉”对身体非常有益?

大使：是的，“英吉拉”是一种非常健康的食物，对身体有很多好处。它的原料苔麸在许多欧美国家也受到一定的关注和追捧。苔麸是一种不含麸质的谷物，富含铁，而且营养价值非常高。

梅卿：大使阁下，你们在用餐时会配什么饮品?

大使：我们在吃完午餐和晚餐之后，通常会喝埃塞俄比亚咖啡。埃塞俄比亚咖啡历史悠久，可以追溯到大约 1000 多年前。埃塞俄比亚的咖啡豆因其优秀的品质而被人们广泛认可和称赞。在埃塞俄比亚，人们通常使用一种特有地域风情的“水罐”来煮咖啡，煮咖啡的过程也很原生态。当地人会把采摘回来的咖啡果处理好，取出咖啡生豆，放到火上的铁板上翻炒，感觉火候够了，倒入一个石臼里，用一个凿子捣碎咖啡熟豆，最后，把研磨好的咖啡粉倒入水罐中。然后加入热水，用小火加热。在加热过程中，需要不断搅拌让咖啡粉充分浸泡，释放出更多的咖啡油和香气，同时也能让咖啡口感更加浓郁。

梅卿：这种煮咖啡的方式虽然比较繁琐，却是埃塞俄比亚人长期以来传承下来的独特文化。倾听着埃塞俄比亚最原始的部落文化，品尝着他们流传千年的美食和独具风味的咖啡，相信这个国家给你留下了非常深刻的印象。感谢大使阁下和苏芩老师的分享，再见！

“梅卿看世界”——埃塞俄比亚播出时间：2020 年 12 月 13 日

左起：士骁、梅卿、特肖梅·托加、周彤、苏芩

Ethiopia

《埃塞俄比亚：部落探秘》手记

埃塞俄比亚位于非洲东北部，有着“非洲屋脊”的美誉。虽然我们之前已经介绍了一些非洲国家的人文和自然景观，但埃塞俄比亚的美丽和独特性仍然让我惊叹不已。

在埃塞俄比亚国家博物馆珍藏着一件被誉为“人类祖母”的古人类露西的骨骼化石。这具化石是1974年在埃塞俄比亚阿法尔地区被考古学家意外发现的。经过研究分析，露西被认为是一具约320万年前的女性骨架，也被认为是第一批直立行走的人类之一。其化石完整性约为40%，使得科学家们能够深入研究她的骨骼结构和特征。根据这些研究，科学家们对露西的体型、体态以及生殖方式等方面有了更深入的了解。此外，根据骨盆的特征，研究人员推断露西曾经生育过孩子。关于露西的命名，流传着一个有趣的故事：当时美国古人类学家唐纳德·约翰逊领导的一个考古队发现这具骨骼化石时，他们正在收听披头士乐队的歌曲《露西在撒满宝石的天空中》(*Lucy in the sky with diamonds*)。于是，研究员们就给这具骨骼化石取名叫“露西”。“露西”的发现对古生物学有着重大意义，被认为是世界古生物学的一个里程碑。

埃塞俄比亚带给人们无数神秘的想象。坐落在埃塞俄比亚北部的拉利贝拉岩石教堂群，是埃塞俄比亚的一处圣地。在这里有超过 200 座岩石教堂，其中有 11 座尤为著名，展现出独特的建筑风格。传说在 12 世纪，埃塞俄比亚第七代国王拉利贝拉梦中得到神谕，命他在此地建造一座新城，整座城市的建筑需以岩石为材料。经过 25 年的时间，国王拉利贝拉成功地动用了 2 万名工人凿出了 11 座岩石教堂，其中最令人难忘的当属圣乔治教堂。这座教堂位于一个很深的岩石坑内，其十字形的结构完美地嵌入了周围的岩石，顶部则雕刻了一个巨大的十字架。从空中俯瞰，它仿佛是一个巨大的十字架矗立于大地上。拉利贝拉的 11 座岩石教堂大致分为三群，彼此通过地道和回廊相互连接，形成一个整体。这些教堂占地几十到几百平方米，高度相当于三四层楼房，完全凿建在山体岩石内，因此工程异常艰难。在建造过程中，首先需要寻找合适的巨型岩石，并除去表层浮土和软岩。接着，四周需要凿出 12 米至 15 米深的沟槽，使岩石与整个山体完全脱离。然后在巨型岩石内预留墙体、屋顶、祭坛、廊柱、门和窗，再小心翼翼地凿掉石块，形成一个十字型的框架。最后，在岩壁上精雕细镂，凿成一座具有特殊质感和观感的教堂。“德姆卡多”祭典是拉利贝拉岩石教堂的一个重要活动。在祭典当天，教堂周围的岩壁上会聚集成千上万的人，进行虔诚的祈祷。1978 年，拉利贝拉岩石教堂被联合国教科文组织评定为世界文化遗产。这一认定不仅彰显了教堂本身的艺术和历史价值，同时也肯定了其在埃塞俄比亚文化和传统中扮演的重要角色。

埃塞俄比亚拥有许多独特的传统和习俗。其中，该国的历法和时间划分方式是其文化中非常独特的一部分。埃塞俄比亚的传统日历与其他地区存在显著差异。该国日历的特点在于每年包含 13 个月，其中 12 个月各有 30 天，而第 13 个月只有 5 天（闰年为 6 天）。这个月被称为“小月”。当游客前往埃塞俄比亚时，他们在官方旅游手册上会看到“来埃塞俄比亚享受 13 个月阳光”的欢迎词，这正是基于其独特的日历。除此之外，埃塞俄比亚的时间划分方式也与众不同。尽管一天被划分为 24 个小时，但时间的计算并不是基于午夜 12 点，而是根据日出和日落来划分。由于埃塞俄比亚靠近赤道，白天与夜晚的时间相当，全年的日出日落时间没有太大变化。这种时间划分方式反映了埃塞俄比亚独特的地理位置。

埃塞俄比亚，从“露西远古人化石”的发现，到拉利贝拉的岩石教堂群，让我们一同来此追寻历史的足迹，深入挖掘这里的独特魅力吧！

哥伦比亚

南美的醇香风情

对于许多人来说，哥伦比亚这个国家的名字似乎总与一些古老的“传说”紧密相连，让人不禁心生好奇。然而，真实的哥伦比亚远比传闻中更加丰富多彩。作为南美大陆上的一颗璀璨明珠，哥伦比亚有着悠久的历史传统和丰富的文化遗产。

漫步在哥伦比亚的城市街头，你会被这里的城市彩色景观所吸引。从古老的建筑到现代的摩天大楼，从繁华的市井到宁静的公园，每一个角落都散发着独特的魅力。除了城市的繁华，哥伦比亚还拥有壮丽的自然风光。在这里，你可以徒步穿越雨林、攀登高峰、漂流溪流，感受大自然的壮丽与神奇。在这里，你可以找到属于自己的热爱和惊喜，让心灵得到充分的滋养和满足。

文化推荐人：**路易斯·迭戈·蒙萨尔韦 (Luis Diego Monsalve)**
哥伦比亚共和国时任驻华大使

路易斯·迭戈·蒙萨尔韦大使特别高兴来到“梅卿看世界”节目，希望能与大家一同感受哥伦比亚的热情与魅力

梅卿：哥伦比亚是一个充满魅力的国家，也是一个适合探索和放松的国家。当你了解它的历史、文化和传统，相信你会爱上它。有请文化推荐人哥伦比亚共和国驻华大使路易斯·迭戈·蒙萨尔韦阁下。

大使：大家好，我是哥伦比亚共和国的驻华大使路易斯·迭戈·蒙萨尔韦，在中国担任大使是非常独特的职业经历，真的很奇妙。

梅卿：非常高兴大使阁下来到我们的节目，欢迎文化观察员姜波老师。

姜波：大家好，我是姜波，很开心来到“梅卿看世界”。

梅卿：我发现大使阁下穿的衣服很特别，这是哥伦比亚的特色服装吗？

大使： 是的。我的穿着应该和其他大使不太一样，我没有穿西装打领带，而是穿了一件白色衬衫，它是我们的传统服装，叫“瓜亚贝拉”。“瓜亚贝拉”适合在很多场合上穿，可以很正式，也可以非正式，甚至在婚礼中人们也会穿长袖或短袖的“瓜亚贝拉”。

梅卿： “瓜亚贝拉”在哪些地区比较流行？

大使： “瓜亚贝拉”适用于夏季炎热的地区，在哥伦比亚沿海地区很常见。因为沿海地区地势较低，几乎全年高温，所以人们会穿短袖的“瓜亚贝拉”。但是在山区，那里的气候比较凉爽，因此人们会穿长袖的“瓜亚贝拉”。总之，“瓜亚贝拉”

哥伦比亚民族服装展示

已经成为哥伦比亚的标志性服装之一，并受到世界各地游客的喜爱。

梅卿： 大使阁下还带来了两套民族服饰，请您介绍一下。

大使： 当加勒比海地区举办盛大的嘉年华活动时，表演者通常会穿这种红色的裙子跳舞。这条红裙子色彩绚丽，制作工艺繁琐。而日常生活中，人们会穿另一条绿色碎花裙，虽然花色简单朴素，但是能够给人一种舒适、自然的感觉。

梅卿： 姜波老师，您看完这些服装后有什么感受吗？

姜波： 红色裙子让我感受到了哥伦比亚人的热情活力，自然淡雅的碎花裙体现了哥伦比亚人的朴实勤劳。我觉得民族服饰是各个民族思想智慧的结晶，它不仅反映着一个国家的历史积淀和审美情趣，更体现了一个国家的人文精神。

梅卿： 哥伦比亚的服装如同它们的文化一样，是不同文化相互融合的产物。诺贝尔文学奖得主加夫列尔·加西亚·马尔克斯的代表作《百年孤独》在全世界都非常受欢迎，我看了之后有一个疑问：哥伦比亚人都喜欢睡吊床吗？

大使： 在《百年孤独》这部小说中，马尔克斯通过描述布恩迪亚家族的吊床和睡吊床的习惯，展现了哥伦比亚人的生活习俗和传统文化。吊床最初是由拉丁美洲印第安人使用的。我也带来了一个帆布吊床，它的颜色正好与我们哥伦比亚国旗的颜色一致。除了这种帆布吊床以外，我们还有很多由不同颜色、不同形状和不同材质制成的吊床。闲暇时光，人们会把吊床系在两棵树之间，躺在里面休息，非常舒适惬意。

梅卿： 大使阁下，您前面有提到过，吊床最初是由拉丁美洲印第安人使用的，是有什么历史渊源吗？

大使： 因为当时的拉丁美洲印第安人要不停地迁徙，所以带着吊床非常方便，可以随时收起或展开。后来欧洲殖民者来到了拉丁美洲，传统的吊床经过长期的文化碰撞、渗透、吸收、融合成一种多元的文化。至今我们依然保留着睡吊床的习惯，虽然可能没有那么多人继续睡吊床，但它依然是我们传统文化的一部分。

梅卿：吊床在全世界很多地方都有，为什么哥伦比亚的吊床这么出名呢？

大使：因为我们的吊床是纯手工制作，虽然耗时很长，但是却非常结实耐用；除此之外，我们的吊床颜色丰富，款式多样。

梅卿：除了吊床，我听说在哥伦比亚还有一个敲击乐器非常有名，请大使阁下介绍一下。

路易斯·迭戈·蒙萨尔韦大使表演哥伦比亚沙锤

琳琅满目的哥伦比亚传统手工艺品

大使：我给大家展示的乐器是哥伦比亚的沙锤。在一些节日和拉丁音乐表演中，你经常能够看到沙锤的身影。在一些乐团里面会有很多不同种类的乐器，其中沙锤就是非常重要的一种。沙锤里面装了许多小石子，发出的沙沙声可以让音乐层次更加的丰满。

梅卿：沙锤表演者是站着的还是坐着的？

大使：沙锤表演者通常是站着的，他们跟着音乐的节拍晃动沙锤，沙锤的声音非常欢快，非常适合跳舞。

姜波：想象一下，当你漫步在海边，身穿“瓜亚贝拉”，双手晃动着沙锤，嘴里哼着自己喜欢的曲子，然后躺在哥伦比亚的吊床上，多么惬意！

梅卿：欣赏完哥伦比亚的民族服饰、吊床和沙锤之后，我们感受到了哥伦比亚人民对生活的热爱。接下来大使阁下要向我们介绍哥伦比亚黄金博物馆里的珍贵藏品。

大使：哥伦比亚有很多原始部落，这些部落都有着不同的文化、习俗和传统，但他们有一个共同的特点，就是非常重视黄金，黄金在他们眼中是地位、权势的象征。我带来的三件艺术品是我们黄金博物馆里展品的仿制品。第一件是一艘“黄金船”。传说上面站着一个部落首领，首领的身上盖满了金粉，脚下也铺满了金子和各种各样的黄金饰品。他要乘船到湖中央举行一个重要的仪式，只有洗净身上的黄金，让这些金粉沉入湖底，他才能够成为一位真正的首领。第二件是一个非常精美的“黄金鼻烟壶”。它和一座神话中的城市埃尔多拉多有关，埃尔多拉多指的就是“黄金国”。当地人用这种器皿盛放可可树的叶子，因为咀嚼可可叶可以提神抗疲劳。第三件是一个“黄金武士”。武士的两手握着腰间的武器，像是准备发

哥伦比亚的珍贵藏品（上黄金船，下左黄金鼻烟壶，下右黄金武士）

动攻击。这件艺术品体现了当地文化的内涵以及武士的风采，展示出了一种超凡的力量。在我们的大使馆里还有 30 多件类似这样的艺术品。

梅卿：大使阁下，您介绍的这三件艺术品中，哪一件是黄金博物馆里的镇馆之宝？

大使：它们都很出名，但是我觉得最出名的可能还是“黄金船”。船上面站着的 1 位酋长和 12 名族人，每个人都形态各异、神态清晰。它还有一个美丽的故事，传说，奇布查人的每一位王位继承者在加冕时，都会全身涂上金粉，带着各类金器，乘坐木筏去神圣的瓜达维达湖祭拜神灵，当船划到湖中央时，把全身的金粉洗落，并将全部的黄金沉入湖中。之后，他的12 名族人也会把黄金宝物放在继承者脚边，再由继承人将所有金银财宝丢入湖中，作为对神灵的奉献。久而久之，整个湖中堆满了各类黄金，就形成了传说中的黄金湖。

梅卿：我觉得黄金船不仅展示了哥伦比亚奇布查人的文化，也反映他们对信仰和对黄金的崇拜。大使阁下，哥伦比亚黄金博物馆里总共有多少件藏品呢?

大使：我们的黄金博物馆里总共有近 6 万件藏品，其中黄金和金铜合金的器物有 3 万多件，它们都是我们国家的文化瑰宝。在 2009 年的时候，哥伦比亚黄金博物馆还曾带了 200 余件黄金艺术珍品在上海博物馆展出，受到了一众好评。我们也希望在不久的将来能够再次来到中国进行展出。

梅卿：这个数字惊到我了，这么多精美的黄金珍品表明哥伦比亚的黄金产量相当巨大。

大使：是的。如果你参观过哥伦比亚黄金博物馆，你会发现哥伦比亚历史上的黄金贸易非常繁荣。

姜波：我觉得黄金是人们最为看重的贵金属之一。大使阁下前面介绍的“黄金船”的故事，让我想到我们中国古代的皇帝为了凸显身份，衣服都会用金线缝制。明代皇帝头戴的皇冠也是利用黄金的延伸性，把黄金拉成像头发丝一样的细丝，编织成冠。自古以来，我们就有“穿金戴银”的习俗。在中国传统文化中，黄金和白银被视为财富、高贵和吉祥的象征。

梅卿：这三件艺术品让我想到了我国的三星堆，三星堆遗址中也曾出土过“黄金面具”。由此可见，古人对“黄金”都有着非常高的崇敬之心。而黄金艺术品的制作技艺又体现了当时手工业者的智慧和对美好生活的向往。说到对美好生活的向往，美食不仅给予了我们视觉、嗅觉、味觉的冲击，还带给了我们生活质量的提升和享受。请大使阁下介绍一下哥伦比亚的特色美食。

大使：了解一个国家的文化，最好的一种方式就是品尝当地的美食。我主要介绍三个地区的美食。第一个地区位于哥伦比亚的北部，靠近加勒比海，盛产各种各样的海鲜。同时北部小镇阿拉卡塔卡是诺贝尔文学奖得主加夫列尔·加西亚·马尔克斯的出生地，也是他的小说《百年孤独》中故事的发生地。当地有一种美食，是将鲜虾和海产品混在一块儿，再搭配上番茄酱或者蛋黄酱。另一个是哥伦比亚非常常见的芭蕉，它的外表与香蕉十分相似。现场给大家展示的就是炸芭蕉片，它是用碾碎的芭蕉炸出来的，搭配由海鲜、柠檬汁、西红柿、洋葱等材料调制而成的酱料，口感香甜酥脆。

梅卿：第一个地区盛产海鲜，那第二个地区有什么美食呢？

大使：第二个地区是山区，山区的人们会食用一些玉米饼、炸猪肉。玉米饼我们称之为“塔利耙”，是用烤炉烤出来的，通常会搭配一些番茄酱或其他酱汁。炸猪肉有点像中国的猪肉脯，可以把它加到玉米饼里面一起食用。

姜波：玉米饼里面有特别浓郁的奶香味，配上炸得酥脆干香的五花肉和酸甜可口的酱料，我觉得非常好吃。

梅卿：大使阁下，玉米饼里面会放牛奶吗？

大使：在哥伦比亚的一些地方，人们会在玉米饼里加入芝士碎粒，有的人为了把芝士包在里面，会把玉米饼做得更大更薄一点。

梅卿女士期待味蕾盛宴

鲜美可口的哥伦比亚美食

梅卿：我曾品尝过墨西哥的玉米片，它与哥伦比亚的玉米饼有什么不一样的地方吗？

大使：墨西哥的玉米片非常薄，我们的玉米饼相对来说要厚一些，而且我们的酱料和墨西哥的也不一样。

姜波：墨西哥玉米片和哥伦比亚玉米饼在制作工艺、口感和风味上都有所不同。墨西哥的玉米片更薄，口感比较脆。哥伦比亚的玉米饼偏厚，口感酥脆松软，层次鲜明，它更注重原汁原味。

前面大使阁下说玉米饼里会加入芝士碎粒，玉米实际上属于粗粮，老年人和儿童的消化系统都比较弱，对于粗粮的消化也有一定的难度。玉米里的色氨酸含量很少，但芝士中富含优质的蛋白质、色氨酸，所以两者正好互补，吃起来也更健康。

梅卿：哥伦比亚拥有非常灿烂的历史，不同的景观构成了哥伦比亚的文化多样性。手工艺品、美食、节庆活动都是文化的重要组成部分。这些独特的文化元素为游客提供了深入了解哥伦比亚的机会，并吸引着来自世界各地的游客。感谢大使阁下和姜波老师的分享，再见！

“梅卿看世界”——哥伦比亚播出时间：2020 年 12 月 19 日

左起：卢秋、梅卿、路易斯·迭戈·蒙萨尔韦

《哥伦比亚：南美的醇香风情》手记

哥伦比亚，这片承载着深厚历史的土地，同时也是一个自然奇观遍布的国度。在这片土地上漫步，无论是风之轻拂的山谷，还是热情洋溢的海岸，都让人沉醉。这个国家的魅力，正如其享誉世界的咖啡，初尝时或许带有一丝酸涩，但细细品味后，那份独特的风味便缓缓渗入心田，令人难以忘怀。

在咖啡的世界里，哥伦比亚无疑是一个令人瞩目的存在。它不仅是一个咖啡产量位列世界前茅的国家，更是少数几个能以国名直接命名咖啡并在全球销售的国家之一。哥伦比亚的咖啡树在高大的乔木或香蕉树的庇护下，享受着阴凉潮湿的生长环境，这样的自然条件使得咖啡豆得以缓慢成熟，从而积累了更为丰富的咖啡碱和芳香物质，成就了哥伦比亚咖啡的上乘品质。

咖啡文化在哥伦比亚已深深植根于人们的日常生活中。从清晨的第一缕阳光洒落大地开始，一杯热腾腾的咖啡便成为哥伦比亚人不可或缺的伴侣。无论是温馨的家庭聚会，还是朋友间的轻松闲聊，咖啡总是那个默默陪伴的角色，为每一个时刻增添了几分暖意和韵味。人们享受冲泡咖啡的过程，品味着咖啡带来的独特香气与滋味，更在咖啡的陪伴下，分享生活中的点滴感悟，传递着彼此间的情谊。这种独特的咖啡文化，早已超越了饮品本身的意义，它成了哥伦比亚的一张亮丽名片，吸引着全球游客前来体验，感受那份来自遥远国度的热情与魅力。为了更深入地体验这种文化，游客们纷纷前往咖啡产区，参观当地的咖啡厂房，了解咖啡从种植、采摘到加工的全过程。在咖啡厂房里，游客们可以亲眼见证咖啡树是如何在肥沃的土地上茁壮成长，结出累累硕果。他们还可以学习如何挑选成熟的咖啡豆，以及通过何种工艺将这些咖啡豆转化为香气四溢的咖啡饮品。这些体验不仅让游客对咖啡有了更深刻的认识，还让他们感受到了哥伦比亚人对咖啡的热爱与执着。咖啡，作为哥伦比亚人的骄傲，承载着他们对品质生活的追求，更体现了他们独特的文化理念。在这里，咖啡不单单是一种饮品，它更是一种生活的态度，一种文化的传承。

除了咖啡文化，这里还有着丰富多彩的特色文化。其中，节日庆典、音乐和舞蹈更是构成了其文化的重要组成部分。在哥伦比亚，节日庆典是展示其多元文化和民族风情的重要舞台。每年的不同时节，全国各地都会举办丰富多彩的节日活动。这些活动不仅是对历史传统的传承，更是对现代生活的庆祝。在这些节日中，人们身着华丽服饰，跳着欢快的舞蹈，唱着悠扬的歌曲，共同庆祝生活的美好，拉近了彼此之间的距离。

音乐和舞蹈是哥伦比亚文化的灵魂所在。这里的民间音乐和舞蹈充满了热情和活力，展现了哥伦比亚人民的乐观和坚韧。传统的音乐形式如桑巴、萨尔萨等，以其独特的节奏和旋律，让人沉醉其中。而在舞蹈方面，无论是欢快的恰恰舞还是优雅的华尔兹，都能让人感受到哥伦比亚人民的热情和活力。街头巷尾，人们随着音乐的节奏起舞，这种对生活的热爱和享受，让人深受感染。

总之，哥伦比亚是一个充满魅力和活力的国家。在这里，你将体验到不同文化的碰撞和融合，感受到不同地域的风土人情。热情好客、善良友善的哥伦比亚人，用自己的方式诠释着生活的美好和幸福。而你也将在这片神秘的土地上，留下自己的足迹和回忆，收获一段难忘的旅行经历。

孟加拉国
感受自然的魅力

孟加拉国，这个充满活力的年轻国家，坐落于喜马拉雅山脉南侧的广袤土地上，如同一块璀璨的绿宝石，闪耀在南亚次大陆的东方。恒河与布拉马普特拉河在此交汇，为这片土地带来了丰富的自然资源和蓬勃的生命力。孟加拉语作为该国的官方语言，有着深厚的历史文化底蕴，许多著名的诗人和作家都用这种语言创作，使其成为文学艺术的重要载体。

历史上，孟加拉地区曾是南亚次大陆的经济和文化中心，为世界文化和经济的发展做出了卓越的贡献。这种繁荣在一定程度上延续到了后代，使得孟加拉国成为人文荟萃之地。诗人、作家、艺术家和改革家如群星璀璨，展现出丰富多彩的文化景象，令人惊叹不已。

文化推荐人：马赫布·乌兹·扎曼 (Mahbub Uz Zaman)
孟加拉人民共和国时任驻华大使

马赫布·乌兹·扎曼大使以愉悦的心情参加“梅卿看世界”节目，与大家分享他对孟加拉国文化的独特见解

梅卿：孟加拉国，南亚大陆上的美丽国度。在诗人泰戈尔的眼里，孟加拉国是一片金色的土地。有请文化推荐人孟加拉人民共和国驻华大使马赫布·乌兹·扎曼阁下。

大使：大家好，我是孟加拉人民共和国驻华大使马赫布·乌兹·扎曼，非常感谢节目组的邀请。

梅卿：欢迎大使阁下，欢迎文化观察员姜波老师。

姜波：大家好，我是姜波。

梅卿：提到孟加拉国，我们会想到孟加拉虎。大使阁下，为什么会用国家的名字来命名一个虎种，孟加拉虎在孟加拉国的地位是怎样的？

大使：孟加拉虎是我们孟加拉国的象征，是我国非常珍稀的动物。孟加拉虎是非常强大的捕食者，它们的体型硕大，有些孟加拉虎的身长有三四米。

梅卿：大使阁下，孟加拉虎主要生活在哪些区域？

大使：孟加拉虎的栖息地范围很广，通常生活在我国的北部地区，也有些生活在印度的西孟加拉邦。要知道在自然中不存在国界问题，动物经常会跨国界两边跑，但是孟加拉虎的主要自然栖息地还是在我国北部地区的松达班森林。

梅卿：松达班森林在世界上很有名，您觉得是因为孟加拉虎，松达班森林才会这么有名吗？

大使：松达班出名的一个主要原因是孟加拉虎。“松达班”这个名字来自一种叫松达的树木，它是一种很特殊的树种。“松达班”在孟加拉语中有美丽漂亮的意思，所以我们把长满松达树的森林称为“松达班森林”。

梅卿：松达班森林对于孟加拉国来说，有什么特殊的意义吗？

大使：当然有，松达班森林不但风景如画，而且栖息着孟加拉国的各类动植物，对我们的气候和自然环境的意义重大。松达班森林保护我们免受自然灾害的侵袭，比如雷暴或龙卷风。我们国家的地理位置在海湾入海口，风来的速度非常快。而这些树木就像一道天然的屏障，能够减缓风速。并且这些树木的生命力极强，即使遭遇极端天气，也能快速生长。几个月之内，这些树木就又长得枝繁叶茂。

梅卿：大使阁下，我听说在松达班森林里有许多采蜜人，这些采蜜人是生活在森林里吗？

大使：松达班森林是非常茂密的，采蜜人很难在里面生活，通常他们都是在森林外围生活。以前还允许猎人打猎，现在打猎行为受到限制，孟加拉国政府为了保护和拯救野生动物，宣布松达班森林为受保护的森林。在政府的管辖下，松达班森林允许采蜜人进入，因为有时会出现野生动物伤人事件，所以

梅卿女士认真聆听了马赫布·乌兹·扎曼大使关于松达班森林保护之道的深入讲解

为了保护自身的安全，采蜜人都会携带安全装备。

梅卿：孟加拉国政府会出台一些具体的保护措施吗？

大使：我国政府建立了野生动物保护区，采取了相关的保护措施。松达班森林现在属于孟加拉国森林部门行政管辖，想去那里必须得到许可。这片自然保护区域可以给野生动物一个安稳的家，有利于野生动物数量稳步增长。

梅卿：姜波老师，我们国家有东北虎、华南虎等国家保护动物，那我们是如何保护它们栖息地的呢？

姜波：实际上，我国也在保护濒危物种方面采取了多项措施，包括建立自然保护区，限制开发和建设、恢复、再造生态系统，加强栖息地保护，加强巡护监测、禁止非法狩猎和贸易等。此外，政府还积极开展生态旅游、科普教育等活动，以提高公众对濒危物种的认识和保护意识。

梅卿：维持地球生态整体的平衡，是我们的责任，更是我们的义务。除了孟加拉虎和松达班森林之外，孟加拉国的美丽景观还体现在其河塘众多、水资源丰富方面，请大使阁下介绍一下。

大使：我国被称为“河泽之国”。实际上，我国的河流大部分都起源于喜马拉雅山脉，其中，恒河是孟加拉国最重要的河流之一，它发源于喜马拉雅山脉的南麓，流经印度和孟加拉国，最后注入孟加拉湾。恒河在孟加拉国境内形成了广阔的三角洲，是世界上最大的三角洲之一。如果你看一下孟加拉国的地理位置，会发现流经它的河流有三个梯度。第一个是河流的源头；第二个是河流的中部；第三个是河流入海口。而我国就处于河流入海的最后一个梯度，我国与印度之间有很多

马赫布·乌兹·扎曼大使畅谈孟加拉河泽文化

河流的水资源是共享的。

梅卿：大使阁下，孟加拉国水网密布的状态对生活在这里的人民有什么影响吗？

大使：孟加拉国境内有大量的河流和湖泊，其中有三条主要的河流，分别是恒河、布拉马普特拉河、梅克纳河。这些河流长时间冲积，下游形成宽阔的冲积平原，肥沃的土壤可以使粮食增产，所以河流对我国的生态、历史和文化都有着重大意义。一般而言，每年的西南季风会带来大量的水蒸气，如果这一年的雨量很少，农业就会受到影响，所以环境对我们的农业经济发展有着深远的影响。大部分孟加拉人都住在农村地区，如果农事活动推迟，他们就得通过水路进行其他贸易或商业活动。

梅卿：总之，孟加拉国的河流地貌具有平原地形为主、河流众多且密如蛛网、池塘众多且星罗棋布等特点。这些特点为该国的农业、渔业和人口分布提供了重要的资源和环境。我曾看到过一张照片，在海边停靠着一艘形似月亮的船只，非常特别，请大使阁下介绍一下。

大使：照片上的船是当地渔民使用的传统渔船，其造型就像一轮新月，也被称为“月亮船”。通常你会在吉大港、科克斯巴扎尔地区看到它。月亮船一般有八九米长，船体是用一种非常结实的木料做的，这种木材只有在当地才能找到，木船制作手艺人就地取材制造出了这种月亮船，而且手工造船技艺代代相传。

梅卿：除了月亮船，还有其他造型的船只吗？

大使：在孟加拉国，各地都有独特的传统手工艺。在吉大港，有一种特色船只，其船的两头呈尖形，船身表面光滑，呈流线型设计，为的就是提升速度，所以这种造型的船在水中行驶的速度非常快，也成为吉大港的一道靓丽风景线。

梅卿：大使阁下，孟加拉国的船只造型多样，数量众多，是当地居民出行和运输货物的主要交通工具之一，那你们会举办一些划船比赛吗？

大使：当然，划船比赛是孟加拉国非常传统的一项体育运动。在新年来临的时候，我们会举行很多丰富多彩的庆祝活动，其中就包括划船比赛。参加划船比赛的船上有 40 个队员，有的划桨，有的喊口号，有的击鼓，击鼓的目的就是为了协调节奏、提升士气。

梅卿：这听着和我们中国的赛龙舟很相似。两者都是在水上进行的

马赫布·乌兹·扎曼大使介绍“月亮船”

梅卿女士手中的这杯饮品正是用孟加拉国特产的黄麻泡制而成的茶

划船比赛，都需要划船手们齐心协力划动船桨，使船只快速前进。

大使：的确如此。我们每次举办划船比赛的时候，都会有很多群众在河岸边围观，为选手加油喝彩，热闹非凡。

梅卿：所以孟加拉国的划船比赛和中国的赛龙舟都是具有独特魅力的水上运动，能够让人们感受到水上竞技的乐趣和刺激。大使阁下，我听说孟加拉国独特的地理环境和气候条件，很适合种植一种农作物——黄麻。您能介绍一下吗？

大使：黄麻是我们孟加拉国的主要农作物之一，也是非常重要的出口商品。黄麻在我国的经济中具有重要意义，黄麻产业是我们主要的经济支柱之一，为数以百万计的孟加拉国人提供了就业机会。所以，黄麻在孟加拉人民生活中占据了较高的地位。现场我也带来了两件黄麻手工艺品，一个是孟加拉虎工艺画，内衬是用黄麻做的；另一个是黄麻手提包。大家可以欣赏一下。

梅卿：非常漂亮。大使阁下，黄麻在孟加拉国主要有哪些用途？

大使：事实上，我国被称为“黄金纤维之国”或“黄麻之国”。我们是世界上最大的黄麻生产国之一，有许多不同品种的黄麻。黄麻的主要用途是制作黄麻地毯、黄麻袋。同时，在其他行业的应用也很广泛，如黄麻纤维和棉花混纺可以制成日常穿着的衣服，黄麻聚合物应用于塑料行业等。黄麻具有良好的生物降解性，非常绿色环保。如果你扔掉用黄麻做的袋子，它可以在土壤中降解，不会污染环境。当前人们非常关注环境问题，我们必须杜绝浪费，提倡重复使用和循环利用，对环境有害的东西，尽量不用或少用，这样才能保护我们生存的地球。

姜波老师品尝黄麻茶

梅卿：大使阁下，我听说在孟加拉国，人们还会用黄麻做茶，是真的吗？

大使：是真的，我也带了黄麻茶请大家品尝。

梅卿：这是我人生第一次喝到黄麻茶。姜波老师，您品尝后有什么感受？

姜波：黄麻在《本草纲目拾遗》中有记载，它属于椴树科植物。种子可以入药，具有通经、活血、解毒等功效。在中药学上，黄麻种子常被用于治疗跌打损伤、骨折、疮疡等症。很多中医大夫都会用黄麻辅配一些其他中药材，用于治疗产后血崩病。另外，黄麻搭配其他药材熬成黄麻汤，可以缓解腹泻腹痛的症状。所以，黄麻不管在孟加拉国，作为一种非常流行的饮品，还是在我国作为一种功能性的药用茶饮，对于人体健康和预防疾病具有一定的益处。

梅卿：大使阁下为我们介绍了体型巨大的孟加拉虎、河泽密布的水域以及具有民族特色的传统手工艺，真想去这个神秘的国家看一看，探访了孟加拉国这片神奇的土地。感谢大使阁下和姜波老师的分享，再见！

"梅卿看世界"——孟加拉国播出时间：2020 年 12 月 26 日

左起：士骁、梅卿、马赫布·乌兹·扎曼、周彤、姜波

《孟加拉国：感受自然的魅力》手记

孟加拉，位于南亚次大陆的一个地区。在中国古籍中被称作“朋加剌”“榜葛剌”等，中国古代僧人法显、玄奘都曾到访过这里。孟加拉是一片古老的土地，而孟加拉国却是一个年轻的国家。1971年3月，东巴基斯坦宣布独立，并在4月成立孟加拉人民共和国临时政府，1972年1月孟加拉人民共和国成立。恒河与布拉马普特拉河两条知名河流在其腹地交汇，哺育着生生不息的孟加拉国人。泰戈尔是孟加拉地区的著名诗人，他使用孟加拉语进行创作，并且在他的诗歌中融入了孟加拉地区的文化和历史元素。孟加拉国的国歌就是泰戈尔写的，歌词中这样写道：“在那十一月和十二月里，芒果林中清香扑鼻，使我心醉，使我神迷。在那九月里和十月里，稻谷一片金黄，长得无比温柔，无比美丽。”一位伟大的诗人能用这么深情的词藻形容孟加拉国，这与孟加拉国之美有着直接的关系。在这里，你不仅能欣赏到现代化的建筑，又能探寻丰富的历史遗迹。

孟加拉国是一个以伊斯兰教为主，各种宗教共存的国家。达卡是孟加拉国首都和第一大城市，还是达卡专区首府，全国政治、经济、文化中心。达卡的清真寺为数众多，因此也被称作“清真寺之城”。市区除了许许多多的清真寺，还有少量的印度教寺庙、天主教堂、佛教寺庙及锡克教寺庙等。其中，1968 年建成的白图穆卡兰清真寺是孟加拉的国家清真寺，当时可容纳 3 万人，后来由于斋戒月祭典时过于拥挤，孟加拉国政府为其进行了扩建，如今可容纳 4 万人。位于达卡市区总统府附近的罗摩克里希那印度教寺庙是一个非常安静的祈祷场所，每年杜尔加女神节时，成千上万的信徒都会来这里祈祷。圣玫瑰堂是孟加拉国最大的天主教堂。1677 年，由葡萄牙奥古斯丁传教士在达卡传教时所建造，这也是达卡最古老的天主教堂之一。

除了著名的宗教建筑外，达卡市内还拥有众多名胜古迹。其中，最著名的是建于 17 世纪的巴拉·卡特拉宫，该宫殿由莫卧儿帝国沙贾汗大帝之子沙舒贾所建。在这里，历史与现代完美交织，东方与西方相互融合。这座宫殿的高大拱形门廊、精致的内部装饰、墙上的壁画、细腻的雕刻和华丽的吊灯，都在诉说着一段段古老的故事。还有被称为“孟加拉国泰姬陵”的拉勒巴堡。这座堡垒建于 1678 年，历经了两代统治者，耗时近 7 年才完成。拉勒巴堡是一个三层古堡，南门有一些纤长的尖塔，堡内有许多暗道和一处宏伟的清真寺，而其核心建筑是当时统治者的女儿比比·帕丽的陵墓，其陵墓是仿照印度泰姬陵的规制建造的。另一个值得一去的地方是位于孟加拉国库尔纳地区东部的巴凯尔哈特清真寺历史名城，这是世界文化遗产之一。这座古城建于公元 15 世纪，其城市的基础建设展现了高超的建筑技术和施工工艺。城中还保留了大量砖结构的清真寺和早期伊斯兰古迹。在这些宗教建筑中，汗特昆巴多清真寺以其坚固的结构而著名，被称为“神之要塞”。汗特昆巴多清真寺是由77个低矮的半圆形屋顶彼此相连构成的，呈现出浅缓的弓形屋檐线，让人惊叹不已。这座清真寺不仅是宗教活动的场所，更是孟加拉国文化和历史的瑰宝。它见证了孟加拉国的历史变迁，也承载了无数人的信仰与希望。

马达加斯加
神奇岛国

马达加斯加，这座印度洋上的翡翠明珠，拥有得天独厚的生态环境和生物多样性。广袤的草原、茂密的雨林、巍峨的山脉和碧蓝的海洋交织成一幅壮丽的画卷。这里不仅是自然爱好者的天堂，也是文化探险家的乐园。在这片神奇的土地上，古老的狐猴、珍稀的象鸟以及千姿百态的热带花卉共同营造出一个独特的生命乐园。而当地人的热情舞蹈、音乐等独特的文化传统，更为这片土地增添了浓厚的色彩。

在这里，你可以领略到大自然的壮丽与神奇，也可以深入了解当地丰富的文化和历史遗产。无论你是自然爱好者、历史追寻者还是文化探险家，马达加斯加都将为你带来一段难忘的旅程。

文化推荐人：让·路易·罗班松 (Robinson Jean Louis)
马达加斯加共和国时任驻华大使

让·路易·罗班松大使向梅卿女士介绍马达加斯加岛上那些独特且珍稀的动植物

梅卿：提到马达加斯加，许多人会想到梦工厂的那部动画电影《马达加斯加》，正是因为这部电影的风行，勾起了大家对这个非洲岛国的向往。有请文化推荐人马达加斯加共和国驻华大使让·路易·罗班松阁下。

大使：大家好，我是马达加斯加共和国驻华大使让·路易·罗班松，很高兴来到这里。

梅卿：欢迎大使阁下，欢迎文化观察员冯建华老师。

冯建华：大家好，我是冯建华。

梅卿：大使阁下，我看到很多网上的游记都说猴面包树可以代表马达加斯加，您认为这种说法对吗？

大使：猴面包树是马达加斯加的特色树种，但不是独有的。在塞内加尔也有猴面包树，不过我们的猴面包树品种更加丰富。

梅卿：除了猴面包树，马达加斯加还有哪些特色植物呢？

大使：有一个树种是我们马达加斯加特有的，它就是旅人蕉。旅人蕉被誉为马达加斯加的“国树”，在我们国家的书本、宣传单以及国徽上你们都可以看到旅人蕉的身影。

梅卿：旅人蕉被称为“国树”，有什么特别的原因吗？

大使：马达加斯加是一座岛屿，旅人蕉大多生长在这座岛的东海岸，那里的生长环境比较潮湿。旅行者如果在途中找不到水喝，可以用小刀划开旅人蕉的茎叶，里面储存的水可以解渴，这就是“旅人蕉”名字的由来。旅人蕉从树叶到树干都可以为建筑所用，它的树叶可以当屋顶，树干可以做地板。每位旅行者到马达加斯加旅游都会看到这种树，而这种树可以为他们的衣食住行提供各种便利。

梅卿：大使阁下，马达加斯加的动物资源非常丰富，狐猴也是马达加斯加独有的一种动物吗？

大使：是的。除了马达加斯加岛，其他地方没有狐猴。但你也会在世界各地的动物园看到马达加斯加狐猴的身影。

梅卿：通过大使阁下的介绍，我们了解到马达加斯加特有的动植物资源。那么，是什么样的原因造成了这样一种现状呢？

大使：据说在很久以前，马达加斯加地处这些大洲的中间地带，后来随着地质的分裂与聚合，又形成了一片广袤的大陆叫“冈瓦纳古大陆”。因为板块断层，冈瓦纳古大陆也四分五裂，马达加斯加从冈瓦纳古大陆中分离出来，成为印度洋上的一个巨大岛屿，亿万年来这座岛屿生存着很多特有的动植物。马达加斯加岛上有地球上 80% 的动植物品种，10 万个独有的物种，这也是马达加斯加岛与其他大陆的隔绝造就的。

梅卿：我觉得有 80% 的物种得以在马达加斯加保留下来，这本身就是一件很幸运的事情。

冯建华：是的。马达加斯加所处的地理位置以及气候条件，使得世界上很多动植物都能在这里找到适合生长的环境，这也是马达加斯加自己独有的特色。

梅卿：大使阁下，马达加斯加是不是还有许多珍稀动物，请您介绍一下。

大使：马达加斯加有一种独特的动物，被称为长岛长尾狸猫。这是一种哺乳动物，其毛色主要呈现棕色或栗色，整体外形颇似美洲狮。长岛长尾狸猫是肉食性动物，它们常年栖息在树上，因此爪子异常锋利，擅长爬树。在捕食习性上，长岛长尾狸猫的捕食范围相当广泛，包括鸟类、爬行类、两栖类和昆虫等，有时甚至会捕食狐猴。由于它们全天候都在觅食，且有时会躲在非常隐蔽的地方，因此在马达加斯加的一些地区或森林中遇到它们时，人们应保持警惕，避免招惹，因为它们对人类也是具有一定的攻击性。目前，为了保护这种珍稀的动物，我们已经采取了相应的保护措施。

梅卿：这些长岛长尾狸猫是怎样生长的？

大使：和所有的野生动物一样，长岛长尾狸猫生活在暗处。它们身形很大，体重一般有 15 至 20 千克，不是很肥胖，但很强壮。它们会为了保护自己的同伴而攻击对方，所以长岛长尾狸猫是不能家养的。

梅卿：大使阁下，长岛长尾狸猫跟美洲狮有关系吗？

大使：长岛长尾狸猫跟美洲狮一样都是哺乳动物，虽然长岛长尾狸猫与美洲狮有些相似，但与美洲狮没有直接的关系。因为马达加斯加是印度洋中的一座岛屿，它与其他大陆是“隔绝”的，所以长岛长尾狸猫没办法“漂洋过海”去别的大洲。

文化观察员：冯建华

梅卿：我听说这里生长着一种非常昂贵的香料植物，请大使阁下介绍一下。

大使：在马达加斯加，有一种非常昂贵的香料植物，它就是香草荚。香草荚是一种藤本植物，主要生长在东部沿海地区，那里气候湿润。香草荚的种植中心又集中在西北部区域，因为这种植物价格不菲，所以人们热衷去种植香草荚。香草荚长得有点像豆角，一株香草荚可以生长到很高，它们一般寄生在树木上，比如芒果树、椰子树。如果你想种植它，就必须给苗木放置一个支架，藤条会绕着支架生长。我手里拿的是经过真空包装的香草荚，当地人用古老的方法加工它。他们会把香草荚放在一个罐子里，盖上盖子让其颜色变白。在准备出口之前，真空包装的香草荚可以保存几个月。

梅卿：大使阁下，马达加斯加被称为是“香草王国”，是不是全世界出口的大部分香草荚都来自马达加斯加？

大使：是的。但是现在也有很多同行业的竞争者，比如印度或者其他国家。不过马达加斯加的香草荚被认为是世界最优质的香草荚之一。

梅卿：我们每天或多或少都会接触到香草味道的美食，比如香草拿铁、香草冰淇淋，但我还是第一次看到这种形态的香草荚。

大使：马达加斯加是天然的香草生产国，我们的香草荚都是纯天然的。1890 年这种香草荚从西班牙被引进马达加斯加岛，后来玛雅人也种植香草荚，他们发现只需要一点点加工，香草荚就可以熏香很多东西。现在的香草味道就是香草荚经过工艺处理后提纯出来的。马达加斯加人在制作蛋糕时，会加入香草提取物，使蛋糕的口感和味道更棒。

梅卿：对于喜欢香草味道的朋友来说，一定不要错过马达加斯加这个美丽而独特的旅游目的地。

冯建华：据我了解，香草荚刚摘下来的时候，它是没什么香味的。它得经过水煮、晾晒、静置等步骤，最后才会散发出这种香味。就好像我们的茶叶，刚采下来时也没有味道，但经过萎凋、发酵、杀青、揉捻、干燥等制作过程，茶叶的香味就出来了。

梅卿：香草荚是如何添加在各种食物里的呢？

大使：食物里放一点点加工后的香草荚就够了，或者一点点提纯的香草精也可以。如果你喜欢香草味道的话，随处都可以点缀。

梅卿：大使阁下，你们在食用香草荚时，有没有什么特别的食用方法？

大使：我们没有特别的食用方法。最常见的就是人们在甜品店买的香草冰淇淋和香草蛋糕。如果你去当地酒吧想点一杯开胃酒，

让·路易·罗班松大使手里拿着马达加斯加非常昂贵的香料植物——真空包装的香草荚

可以选择香草味道的朗姆酒，它通常会散发出浓郁的香气，让人感到非常舒适和愉悦。

梅卿：我还是第一次听到有香草味道的朗姆酒，它是怎么制作的？

大使：我知道一种非常简单的制作方法，只需要把一根香草荚放入一升的朗姆酒里，香草味道的朗姆酒就做好了。

梅卿：马达加斯加岛上的动植物种类非常丰富，在这里生活的人们又有着怎样的文化风情？有请马达加斯加驻华大使夫人让·路易·罗班松夫人介绍一下当地的民族服饰。

大使夫人：大家好，很高兴向大家介绍我们的民族服饰——“兰巴”。“兰巴”是马达加斯加特有的服饰，有典雅之意。在婚礼上，女士们都会穿戴“兰巴”，可以把“兰巴”披在肩上，再搭配一个小包。简简单单，非常好看。

梅卿：大使夫人，在马达加斯加已婚妇女都是这样穿戴吗？

大使夫人：不是，并非所有的已婚妇女都这样穿戴“兰巴”。“兰巴”如何搭配因人而异。在当今全球化的大趋势之下，有的女性喜欢欧式的打扮，有的女性喜欢传统的“兰巴”。对于我们而言，穿戴“兰巴”是优雅的象征。比如我和大使阁下出席宴会时，我会穿着“兰巴”，再配一个晚宴包。

梅卿：大使夫人，请问“兰巴”有多少种穿戴方式？

大使夫人：“兰巴”的穿戴方式有很多种。你可以把“兰巴”从身后轻轻披在肩上，或者搭在另一侧肩膀上。我们日常穿戴的“兰巴”是丝绸质地的，面料轻盈，不会下垂，穿戴出来的效果很不错。如果穿戴的“兰巴”是棉麻混织的，有可能容易下垂，一般需要拿一个小别针固定一下，效果会更好。

梅卿：在马达加斯加穿戴“兰巴”有什么禁忌吗？

大使夫人：在马达加斯加的传统文化中，“兰巴”被视为一种神圣

大使夫人身披马达加斯加民族服饰“兰巴”登场

的物品。因此，在葬礼上，人们通常会将“兰巴”搭在右肩膀上，以表示对死者的尊重和敬意。

梅卿：大使阁下，听说当年您向大使夫人求婚的时候，也曾送过她“兰巴”？

大使：当然。在马达加斯加的婚礼上，通常新郎会向新娘赠送礼物，包括礼金和“兰巴”。作为回礼，新娘也会准备礼物给新郎，这个礼物可以是“兰巴”或者是其他东西。

梅卿：大使阁下，男士“兰巴”和女士“兰巴”的穿戴方法是不是不一样？

大使：男士穿戴“兰巴”的方式根据不同人群各有差异。在一些较

梅卿女士欣赏马达加斯加手工艺品

为寒冷的地区，人们会从早到晚一直穿着“兰巴”，晚上睡觉的时候，“兰巴”还可以当被子盖在身上防寒保暖。在沿海地区，女士们会用“兰巴”包裹住全身。还有一些人参加高档宴会，会穿着具有代表性的“兰巴”，以此来展现自己的社会阶层，他们会把“兰巴”披戴在自己的左肩上，代表着祝福、敬意和崇拜等。

梅卿：我们在现场也准备了一件“兰巴”，请大使阁下为我们讲解一下。

大使：这件“兰巴”是我们沿海地区居民穿戴的“兰巴”。它有许多种穿法，常见的穿法是将“兰巴”从腋下绕过，然后把末端塞紧。这种穿法在做日常家务时会非常方便。还有一种穿法是直接把“兰巴”裹在头上，可以起到防晒的效果。总之，

大使阁下和大使夫人讲解“兰巴”的穿戴方式

让·路易·罗班松大使演唱一首脍炙人口的马达加斯加歌曲《白色兰巴》

我们可以将“兰巴”视作衣裳。马达加斯加人不仅在日常生活中穿着“兰巴”，节日庆典也会穿着“兰巴”。

梅卿：还有正式的场合也可以穿着“兰巴”。

大使：是的。马达加斯加驻英国第一任大使觐见英国女王时，穿戴的就是“兰巴”。这样穿戴的方式不仅可以起到保护身体的作用，同时也有表达尊敬之意。

梅卿：我听说你们还有一首和“兰巴”有关的歌曲？

大使：没错，马达加斯加有一首脍炙人口的歌曲，名叫《白色兰巴》。这首歌曲描绘的是 20 岁的年轻人追求爱情的故事，而这份爱的礼物就是一条白色的“兰巴”。

梅卿：大使阁下介绍了“兰巴”的多种用途，冯建华老师有什么看法？

冯建华：马达加斯加文化是由若干迁徙到马达加斯加岛上的外来民

族文化融合而成的，不同民族的人们在这块土地上劳动和生活，共同创造了马达加斯加丰富多彩的文化和历史。而“兰巴”不仅仅是一种服饰，更是一种文化的象征。它承载了马达加斯加的历史和文化，成为了不同民族之间交流和融合的桥梁。

梅卿：很少有一个地方会像马达加斯加这样有如此多姿多彩的地形地貌，也很少会有一个地方能够像马达加斯加这样有如此多样的动植物资源，这样的马达加斯加有没有令你心动呢？感谢大使阁下、大使夫人和冯建华老师的分享，再见！

“梅卿看世界”——马达加斯加播出时间：2021 年 1 月 2 日

左起：梅卿、让·路易·罗班松、让·路易·罗班松夫人

《马达加斯加：神奇岛国》手记

马达加斯加，或许对大多数人来说还有些陌生。但只要提起梦工厂的《马达加斯加》系列电影，大家便会恍然大悟，对这个名字倍感亲切。尽管这部电影并非专门介绍马达加斯加的，但它成功地引领许多人踏上了了解这个国家的旅程。

马达加斯加位于印度洋西部，隔莫桑比克海峡与非洲大陆相望。虽然是一个非洲国家，但是画风不同于其他非洲大陆的国家。地理上与外部世界的隔绝、岛内独特的自然环境和生存法则，使岛内的动植物独立进化。马达加斯加岛内并没有狮子、大象、犀牛、长颈鹿等非洲大陆的大型动物，大多数动物体型都偏小，比如狐猴、变色龙等。体型稍大一点，以狐猴为食的长岛长尾狸猫，已经处于岛内食物链的顶端了。

猴面包树可以说是马达加斯加的一张名片，基本上大家所知道的猴面包树品种在马达加斯加这里都有。猴面包树是一种非常长寿的树种，能够在干旱的环境中生存，并展现出极强的生命力。猴面包树的树干粗壮而饱满，呈现出苍劲的灰色，上面布满了岁月的痕迹。它的枝干伸展开来，仿佛是巨大的手臂在拥抱天空。不要看它们光秃秃没有几片叶子，在适宜的环境条件下，它们的寿命可以达到800 年至 1000 年或更长。想要观赏猴面包树，马达加斯加西部的穆龙达瓦是绝佳之地。那里的“猴面包树大道”尤为壮观，生长着四个不同品种的猴面包树，它们集中在一起，形成了一道独特的风景线。置身其中，人们会感受到自己的渺小，因此这里也成为了摄影家们的天堂。

除了高大的猴面包树，马达加斯加还孕育了许多神奇的物种。其中，狐猴是该岛国最具代表性的动物之一。在国家公园和自然保护区内，人们都能寻找到这些灵动的身影。在马达加斯加有约 50 种狐猴，其中最常见的是环尾狐猴，也被称为节尾狐猴。它们黑白相间的长尾巴很容易辨认，使其成为最受欢迎的狐猴物种。环尾狐猴生活在马达加斯加南部的干旱多岩石地区，它们习惯白天在地面上活动，生性好斗，常常为了领地而争斗。另一种备受瞩目的狐猴是黑美狐猴。它主要分布在马达加斯加北部的诺西贝岛。鼠狐猴属于一种极度濒危的物种，它的体型非常“迷你”，眼睛很大，看起来非常可爱。它主要生活在马达加斯加东海岸的原始森林中，白天在树枝上或树洞中休息，夜晚则出来活动和觅食。鼠狐猴的食物主要包括水果、花卉、花蜜以及昆虫和小型脊椎动物。多数情况下，只有在夜间游览时，人们才有机会一睹这些可爱“精灵”的风采。总而言之，马达加斯加是这些可爱“精灵”的最后庇护所。除了狐猴，另一种代表性物种就是变色龙。全球有近 160 种变色龙，近一半种类的变色龙生存在马达加斯加岛，因此这里也被称为“变色龙王国”。其中，国王变色龙是马达加斯加岛上的特有物种，是体型最大也是体重最重的变色龙。它的两只眼睛可以分别独立转动，身体可以根据环境和温度进行变色，它的舌头具有黏性，最长可以弹射出身体的两倍长度捕食猎物。近些年，也有一些新的变色龙种类被发现。几年前，有研究人员在马达加斯加岛上发现了一种“纳米变色龙”，从名字“纳米”二字就可以知道这种变色龙很小。这种“迷你”变色龙仅有 3 厘米长，甚至可以站在火柴头上。这种微型变色龙的发现不仅增加了我们对生物多样性的认识，也进一步证明了马达加斯加岛在生物演化中的重要地位。总而言之，马达加斯加岛是变色龙的乐园，这里不仅有体型巨大的国王变色龙，还有新近发现的迷你变色龙品种。这些奇特的生物共同展现了马达加斯加的神奇与魅力。

马达加斯加岛的环境呈现出令人惊叹的多样性，从茂密的热带雨林到温带沙漠，各种独特的生态环境孕育出了无数珍稀奇特的物种，其中许多物种在世界其他地方都难以找到。这为物种的进化提供了一个广阔的舞台，使得马达加斯加成为一个值得探索的神秘之地。

斯洛伐克
城堡故事

斯洛伐克，一个优雅地坐落于多瑙河畔的国度，以其非凡的自然景观和深厚的历史底蕴而令人瞩目。在这片土地上，高耸入云的雪山与享誉国际的葡萄酒庄园交相辉映，共同绘制出一幅令人心旷神怡的画卷。

斯洛伐克的森林，是大自然最慷慨的馈赠，郁郁葱葱，覆盖了广袤的土地，为这片国度披上了一层翠绿的华服。在这片绿意之中，古老的城堡遗迹如历史的守护者，静静诉说着千年的沧桑与辉煌。它们不仅是斯洛伐克文化的瑰宝，也是欧洲中世纪文明的见证。

斯洛伐克的美，不在于张扬与华丽，而在于其质朴与真实。它如同一颗未被广泛发掘的宝石，静静地等待着那些愿意深入探索的旅人，去发现并欣赏它的独特魅力。

文化推荐人：杜尚·贝拉（Dušan Bella）
斯洛伐克共和国时任驻华大使

杜尚·贝拉大使身穿斯洛伐克传统服饰来到“梅卿看世界”节目

梅卿：这是一个童话般的国度，既有历史悠久的人文景观，也有风景优美的自然景观，它就是位于中欧的一个内陆国家——斯洛伐克。有请文化推荐人斯洛伐克共和国驻华大使杜尚·贝拉阁下。

大使：大家好，我是斯洛伐克共和国驻华大使杜尚·贝拉。斯洛伐克位于欧洲的中心地带，很高兴能在这里向中国朋友介绍我的祖国。

梅卿：欢迎大使阁下，欢迎文化观察员苏芩老师。

苏芩：大家好，我是作家苏芩。

梅卿：大使阁下带来了许多画作，请您介绍一下。

大使：这些画作展示的是我们斯洛伐克的传统头饰，在斯洛伐克语中我们把这种头饰称之为“帕沓”。这些头戴“帕沓”的斯洛伐克少女，是艺术家们用了一种非常罕见的艺术手法创作的。摄影艺术家先拍好一张年轻女性的面孔，然后在照片上面手工绘制装饰品，再印刷在画布上，最后完成整幅作品。这些艺术作品展示的是艺术家们从斯洛伐克 50 多位女性的头饰上获取的灵感，他们通过这种创新的艺术手法，把一种逐渐被遗忘的历史文化重新唤醒，再次呈现在人们眼前。

梅卿：这些“帕沓”头饰非常精美，它是斯洛伐克文化的一种独特体现吗？

大使：是的。可能在东欧其他地方，你也能看到带有树叶装饰的头

头戴“帕沓”的斯洛伐克少女像

饰。不过我们斯洛伐克，每个村庄的女性都有自己独特的头饰。对于年轻的女孩或未婚少女来说，“帕沓”头饰不仅是一种很时髦的装饰，也是一种身份的标识，更是一种社会符号，体现了斯洛伐克民族服饰的文化内涵和历史传统。

梅卿：一般人们会在什么情况下佩戴“帕沓”头饰呢？

大使：这取决于不同场合。在 19 世纪和 20 世纪初，“帕沓”头饰在斯洛伐克的婚服中扮演着非常重要的角色，为新娘增添了独特的美丽和魅力。同时，“帕沓”头饰也是成年未婚女子的象征，代表着她们的青春和纯真。在过去的婚礼上，新娘经常戴“帕沓”，所以“帕沓”的样式非常丰富，且不同的

梅卿女士倾听关于“帕沓”头饰的文化发展历程

地区风格不一。另外，“帕沓”头饰在节日和仪式的头发造型中也发挥了重要作用。

梅卿：斯洛伐克“帕沓”头饰的文化发展有多久了？

大使：我认为它主要是从 19 世纪开始在斯洛伐克传播的，定型于 20 世纪早期。

梅卿：现在的年轻人还喜欢佩戴“帕沓”头饰吗？

大使：虽然在斯洛伐克的村庄中有 50 多种不同的帕沓头饰，但是现在的年轻人已经很少佩戴了。如果你去时装秀场，可能会看到模特们佩戴类似的装饰，其灵感都是来自我们传统的头饰。

梅卿：在斯洛伐克不同的地区有不同的“帕沓”头饰，请您再具体介绍一下。

大使：“帕沓”头饰遍布在斯洛伐克各个地区，种类非常丰富。它们的共同之处就是用树叶做装饰，因为这种选材最为普遍。“帕沓”头饰象征着年轻女孩婚前的贞洁身份。不同地区之间都有自己独特的花纹图案，而且使用的色彩搭配也不同。有的地区，人们喜欢就地取材，点缀上当地独有的花卉。有的地区会在头饰上加入刺绣或者串上珍珠宝石，更显华贵。

梅卿：我很好奇大使阁下的家乡，少女们会佩戴哪种“帕沓”头饰？

大使：我家乡的少女们佩戴的“帕沓”头饰非常简洁，没有过多装饰，主要是以绿色为基调。

梅卿：说到大使阁下的家乡，您穿的就是家乡的传统服装吗？

大使：是的，在游客看来我的家乡服装非常独特。我的家乡位于斯洛伐克北部的马丁市，内行人一看到我里面穿的衬衣，就知道我来自哪里，因为这种刺绣图案是我家乡独有的。

梅卿：苏芩老师，您看了这些佩戴“帕沓”头饰的美丽少女有什么感受吗？

苏苓：首先，我有一种被迷住的感觉，看到她们戴着精美的“帕沓”头饰，我仿佛看到了她们对未来的美好憧憬和对生活的热爱。其次，通过这些“帕沓”头饰，我感受到了斯洛伐克传统文化的独特魅力。最后，我也感受到了对美的追求和尊重。这些美丽少女通过佩戴“帕沓”头饰，展现了自己的美丽和自信，也为我们传递了一种积极向上的生活态度。

梅卿：大使阁下，这些美丽的“帕沓”少女，她们生活的村庄是不是也带有童话色彩？

大使：在斯洛伐克北部山区有一个村庄叫奇奇马尼，这个村庄以其独特的建筑风格、美丽的自然风光和丰富的文化传统而闻名。那里的房子外形看起来就像一个个姜饼屋，所有的房子都是由黑色的木头搭建而成，外墙上用白色涂料绘画上几何图案。最初村民只是在木块的两端涂上白色涂料，目的是为了防止木材腐烂或受到天气的破坏。后来，由于住在这里的家庭主妇们很有艺术细胞，便开始在整个房屋的外墙上画画，增添了许多精美的图案。

梅卿：所以，这些小屋仿佛是从童话故事中走出来的，给人一种梦幻般的感觉。大使阁下，奇奇马尼村有多少年历史？

大使：奇奇马尼村的历史相当悠久，它是世界上建立最早的民间建筑保护区之一。我们很高兴能成功地拯救这个村庄，因为它曾多次遭到破坏，所以我认为一个国家采取措施保护自己的文化遗产是非常重要的。

梅卿：在迷人的人文景观中，我们感受到了斯洛伐克人对这片沃土的热爱。除了这些人文景观，斯洛伐克还有哪些美丽的自然景观呢？请大使阁下介绍一下。

杜尚·贝拉大使展示其家乡马丁市的传统服装

大使：斯洛伐克是洞穴探险爱好者的好去处。洞穴是一种地下景观，是在可溶性石灰岩、石膏和白云石岩石中经过长时间而形成的地层。当水流过或滴下时会腐蚀岩石，正是这种缓慢而独特的方式创造出了如此神奇的地貌特征。斯洛伐克有许多美丽的地下溶洞，这些自然奇观都是水和其他地质因素的杰作。

梅卿：没想到在欧洲最神秘的山脉表面之下，竟然还隐藏着另一个世界。那这些地质地貌也会形成温泉吗？

大使：是的，我们大多数的温泉水都来自较深的岩层，也就是地热温泉。斯洛伐克可能是欧洲继冰岛之后地热温泉资源较丰富

梅卿女士对最受欢迎的皮埃斯塔尼温泉小镇充满无尽的向往

的国家。

梅卿：大使阁下，我听说斯洛伐克有一个非常有名的温泉小镇，请您介绍一下。

大使：我们有很多温泉小镇，其中最受欢迎的是皮埃斯塔尼温泉小镇，它是欧洲知名的一处温泉疗养胜地。皮埃斯塔尼温泉小镇不仅有非常特殊的水疗法，还有具有保健作用的硫磺泥，对人体炎症有着非常好的治愈效果。

梅卿：我听说在途经温泉小镇的路上，有一个青铜雕像，雕像中的人折断了他手中的拐杖，这有什么寓意吗？

大使：传说，原本需要拄着拐杖的老人只要泡一泡这里的温泉，可能就不需要拐杖了。虽然这只是一个传说，但是它让人们重新意识到稀缺资源的重要性。

梅卿：除了丰富的地热资源，斯洛伐克还拥有大量的清澈山泉和矿泉水，这些水资源滋养着这片土地。

大使：我很高兴向大家介绍一种斯洛伐克非常有名的酒，它源自托卡伊地区，这是一种具有深厚历史底蕴的佳酿。自古以来，这种酒便是欧洲国王和皇室贵族的珍爱之物，见证了斯洛伐克与匈牙利两国文化的交融与传承。

梅卿：听起来这种酒确实非常尊贵。那么，它究竟有何独特之处呢？

大使：这种酒是一种典型的甜葡萄酒，酿造工艺相当独特。它的口感丰富而醇厚，入口甜美，果香四溢。之所以拥有如此美妙的口感，是因为酿造过程中使用了一种特殊的真菌，这种真菌能够消耗掉葡萄中的水分，使得葡萄的甜度倍增。此外，托卡伊地区的葡萄酒还以其独特的贵腐菌酿造工艺而闻名，这种工艺能进一步提升酒的香气和复杂度，使其成为全球葡萄酒爱好者追捧的对象。

斯洛伐克托卡伊地区的酒

梅卿：原来如此，这确实是一种难得的佳酿。另外，我们也知道斯洛伐克和匈牙利有着深厚的历史渊源。那么，这种源自托卡伊地区的酒在两国之间又有何联系呢？

大使：确实，斯洛伐克和匈牙利都位于中欧地区，历史上两国曾有过紧密的联系。尽管托卡伊地区现今主要归属匈牙利，但在历史上，这一地区也曾是斯洛伐克文化的一部分。因此，这种源自托卡伊地区的酒在斯洛伐克同样拥有着深厚的文化底蕴和历史传承。此外，斯洛伐克和匈牙利在葡萄酒产业上也一直保持着紧密的合作与交流，共同推动着托卡伊地区葡萄酒文化的发展。

梅卿：非常感谢大使阁下的详细介绍，让我们对这种源自托卡伊地区的酒有了更深入的了解。从精美的传统“帕沓”头饰到奇奇马尼村的森林木屋，再到这种珍贵的葡萄酒，斯洛伐克的文化和风情真是多姿多彩。再次感谢大使阁下和苏芩老师的分享，让我们对斯洛伐克有了更全面的认识。再见！

“梅卿看世界”——斯洛伐克播出时间：2021 年 1 月 9 日

左起：士骁、使馆工作人员、表演者一、梅卿、杜尚·贝拉、周彤、表演者二、苏芩、使馆工作人员

《斯洛伐克：城堡故事》手记

斯洛伐克，这片位于欧洲中部的土地，拥有广袤的森林，森林面积超过其国土的40%，宛如一颗璀璨的绿宝石镶嵌在多瑙河畔。历史上，斯洛伐克曾受奥匈帝国影响，艺术、建筑与音乐在中古时期绽放出耀眼的光芒。至今，斯洛伐克仍保留着上百座壮丽的城堡和充满艺术气息的小镇，这些珍贵的文化遗产在岁月的洗礼下依然完好如初。而斯洛伐克的古都——布拉迪斯拉发，更是地理位置独特，位于斯洛伐克西南部，与奥地利和匈牙利两国接壤，是多瑙河畔的一颗璀璨明珠。在这里，传统与现代交织，为每一位到访者带来别样的文化体验。

斯洛伐克虽然是年轻的国家，但布拉迪斯拉发却是个有着2000年历史的老城。布拉迪斯拉发由新、老两个城区组成。新城区横跨多瑙河的铁索大桥，蓝色的多瑙河宛如系在布拉迪斯拉发腰间的玉带。老城区虽然占地面积相对较小，但很好地保存了中世纪城市中心的原貌和布拉迪斯拉发城堡等重要地标。一处处饱经沧桑的历史遗迹仿佛都在对人们无声地讲述着它们经历过的时光与故事。河岸长廊不仅是布拉迪斯拉发老城的风景线，也是政治和外交的中心，吸引着世界各地的游客和政要。在这里，外国大使馆和斯洛伐克重要机构林立，包括斯洛伐克共和国国务委员会、大主教宫、斯洛伐克政府等。

建于 14 世纪的迈克尔大门，高 51 米，被认为是布拉迪斯拉发唯一一座得到保留的中世纪防御工事。它也被视为城中最古老的建筑之一，是进入布拉迪斯拉发老城区的必经之地。在中世纪时期，城镇被城墙所包围，出入只能通过四个加固的大门，迈克尔大门就是其中的北门。原初的北门是哥特式建筑，16 世纪时被改造成文艺复兴样式。塔顶“大天使迈克尔杀死巨龙”的雕像，赋予了此景点独特的名称。塔楼顶端的露台更是俯瞰老城美景的绝佳之地。布拉迪斯拉发城堡位于多瑙河畔古城西边的一座小山上，以其四四方方的红顶和独特的建筑风格而著称，犹如一张倒扣的桌子般别具一格。城堡整体由新、旧两部分建筑组合而成，最古老的部分历史可追溯至 13 世纪。由于其地势较高，站在城堡外围可以俯瞰多瑙河的壮丽景色和整座城市的全景。在土耳其人占领布达佩斯期间，这里曾是匈牙利王室的避难所，见证了历史的变迁。虽然城堡曾经在 1811 年的火灾中遭受严重破坏，但在 20 世纪 50 年代完成了重建，随后得到了细致的修复。如今，城堡内设有历史博物馆和音乐博物馆，展出了大量珍贵的历史文物，为游客提供了深入了解这座城市的机会。

许多造访过布拉迪斯拉发的游客，都对街头巷尾的建筑物上那些栩栩如生、形态各异的雕像留有深刻印象。这些雕像仿佛诉说着布拉迪斯拉发深厚的历史底蕴与人文故事。其中，最著名的是一座名为“管道工楚米尔”的黄铜雕塑。管道工楚米尔贴身躺在窨井之上，头戴安全帽，仅探出小半个身子。他两臂伏地，双手交叉，支撑着胖乎乎、憨态可掬的脸庞。他的眼神中流露出丝丝疲惫，嘴角边却挂着一抹淡淡的微笑，仿佛在劳动之余，悠闲地俯瞰着这繁华的世界。过往的游客无不争相与这位特殊的“守井人”合影留念，记录下这份特别的缘分与记忆。另一座引人注目的雕像矗立于一家街口商铺前，银色的外观在阳光下闪闪发光。这座雕像围着一条长围巾，左手高扬着礼帽，微笑地迎接着来自世界各地的游客，这尊雕像被人们亲切地称为“好客的礼貌先生”。据说，这尊雕像的原型人物生前总是身穿燕尾服、手拿礼帽，在城市中悠闲漫步，逢人便热情地打招呼。为了纪念这位亲切的先生，人们便塑造了这尊雕像。当游客站在“好好先生”的身旁，似乎能感受到那份跨越时空的友好与亲近。游客头顶被高扬的礼帽所笼罩，仿佛与古时的布拉迪斯拉发居民进行了一场亲密无间的对话，彼此分享着故事与情感。在这里，传统与现实交织，为每一位到访者带来一份独特的体验与感悟。

斯洛伐克，这颗镶嵌在欧洲心脏地带的璀璨明珠，正以其独特的魅力吸引着世界的目光。

冰岛

冰火之国

Iceland

冰岛，一个令人心驰神往的北欧国家，以其壮丽的自然风光吸引了无数旅行爱好者。北极光、蓝冰洞和钻石沙滩，每一处都如梦如幻，让人仿佛置身于仙境之中。这个国家的名字也颇有一段历史渊源。公元 864 年，斯堪的纳维亚航海家弗洛克成为首个踏上这片土地的人。由于该岛远离大陆，交通不便，早期较少有人踏足。后来，当其他欧洲移民陆续抵达时，他们首先见到的是巨大的瓦特纳冰川。人们对这座冰川印象深刻，并因此将该岛命名为“冰岛”。

无论春暖花开还是冰封雪盖，冰岛以它四季不同的面孔展现着无与伦比的魅力。踏上这片神奇的土地，你将体验到一种独特的“冰火两重天”的奇妙感受。别错过这个北欧仙境，来冰岛感受一次难忘的旅行吧！

文化推荐人：古士贤 (Gunnar Snorri Gunnarsson)
冰岛共和国时任驻华大使

古士贤大使与梅卿女士热情交谈

梅卿：这里有一群热情快乐的人，这里的空气无污染，冰川纯净，山脉如画，这里就是冰岛。有请文化推荐人冰岛共和国驻华大使古士贤阁下。

大使：大家好，我是冰岛共和国驻华大使古士贤，很高兴参加这个节目。

梅卿：欢迎大使阁下，欢迎文化观察员萨苏老师。

萨苏：大家好，我是萨苏。

梅卿：萨苏老师，您对冰岛的印象是怎样的？

萨苏：如果用一个词来形容的话，我觉得应该是“美丽”，如果用两个词来形容，我会选“美丽”和“孤独”。

梅卿：有朋友说，冰岛是一个“冰火之国”，说到“冰”，我们很好理解，因为冰岛的名字听起来就让人感到寒冷。但是说到

"火"，我就有点疑惑了，请大使阁下介绍一下。

大使：因为冰岛不光有冰还有喷发的火山，所以冰岛有一个别称叫"冰火之国"。冰岛位于大西洋中脊上，是一个由欧亚板块和美洲板块相互分离以及地幔柱活动引起的火山活动频繁的区域，所以冰岛有很多活火山。即使一些火山表面上看起来非常宁静，似乎不会再喷发，但实际上它仍然有可能在未来数千年内再次喷发。

梅卿：火山的喷发是不是给冰岛带来了非常独特的地形地貌？

大使：是的。火山有很多种形态，有的火山喷出的是火山灰，有的火山喷出的是岩浆，这些岩浆冷却后又会形成岩浆岩。

梅卿：这些火山是一直连续喷发，还是会有规律地喷发？

大使：是间歇性的，过去几年冰岛也有过几次火山喷发。我们预测大约每隔 10 年就喷发一次的活跃火山很快会再次喷发，所以冰岛气象局正通过仪器密切监控至少两座临近喷发的火山。

梅卿：火山活动虽然会给人类带来巨大的灾害，但同时也带来了一些有益的方面。请大使阁下介绍一下。

大使：通常有火山的地方都会有地热资源，我们通过钻探深井抽取地下热水，再通过长管道将热水输送至家家户户。冰岛人打开水龙头就可以用热水洗澡，还可以坐在花园的热浴池里欣赏漫天极光。每个冰岛小镇都有公共泳池，大多数泳池都建在户外，并依靠地热进行加热，无论天气如何变化，冰岛人都可以在日常享受游泳的乐趣。

梅卿：正是因为地壳运动非常活跃，冰岛才形成了稀有的地形地貌，造就了当地丰富的地热资源以及大量的天然温泉和间歇泉，请大使阁下介绍一下间歇泉。

大使：间歇泉也叫热喷泉，是冰岛的特色景观之一。这种喷泉的特点是，泉水会周期性地喷发，通常间隔几分钟到几小时不等，并伴随着喷发高度的变化。简而言之，当火山活跃地带的地下水源被地壳岩浆不断加热到一定程度，然后突破地表冷空气的压力，形成强有力的喷射，这种喷射出来的水就是我们可以用来供暖和游泳的热水。冰岛是最早利用地热能源的国家之一。20 世纪 20 年代，我们将地热能的利用拓展至学校、游泳池等地方。到了 20 世纪六七十年代，地热能又进一步扩大，直至如今我们全国基本都用地热水供暖，所以冰岛也是世界上最广泛使用地热资源的国家之一。

萨苏：其实，我们中国的地热资源也十分丰富，主要分布在青藏高

拥有百年历史工艺的冰岛毛衣

原南部，云南、四川的西部，这几个地区是我国高温地热活动非常强烈的地带。

梅卿：如果说冰岛的温泉下面隐藏着一团火热沸腾的熔岩，那接下来冰岛人穿在身上的一团“火”是不是更吸引全世界人民的目光？请大使阁下介绍一下。

大使：这团“火”就是我们冰岛的毛衣。冰岛人在冰岛上生活了1000 多年，而冰岛羊也与我们共同生活在这片土地上，成为我们长久以来的生存伙伴。羊毛在冬天可以帮助我们抵御寒冷，冰岛人拥有一种传统的编织羊毛的工艺，这项工艺已经有百年的历史了。我带来的这件羊毛毛衣，就是冰岛毛衣的典型代表。

梅卿：大使阁下，冰岛毛衣上的图案有什么代表意义？

大使：这些图案没有什么明确的意义。虽然很多人说我们是从格陵兰岛那里获得的灵感，但实际上冰岛每个家庭都可以从日常生活中受到启发。也有人说毛衣上的花纹反映出冰岛独特的风景，因为冰岛羊自然的羊毛颜色有白色、灰色、棕色和黑色，所以当地人用这些自然的色彩，编织成各种各样的毛衣。白的似雪，灰的宛如沼泽，棕的像土，黑的如同沙粒，冰岛的自然色彩直观地反映在冰岛的羊毛上。当你穿上冰岛毛衣，你几乎就可以与我们的景色融为一体了。

梅卿：这种纯手工编织的冰岛毛衣是不是价格不菲啊？

大使：我其实从没买过毛衣，我的毛衣都是家人或者朋友们送的礼物。当然你可以去商店里买，不过那里的价格会比较贵。你也可以买机器加工的毛衣，但质量可能会稍差。

梅卿：为什么人们要使用冰岛羊的毛作为加工材料呢？

大使：我觉得在 1000 多年的历史中，冰岛羊适应了冰岛变幻莫测的天气，更形成了独特的耐寒能力。冰岛羊终年都披着厚厚的羊毛，所以这些羊毛特别保暖舒适。

梅卿：大使阁下，羊毛一般分为外面的普通毛和里面的绒毛，不同部位的羊毛质感会不一样吗？

大使：是的。我对羊毛制作过程并不了解，但我知道这些毛衣的外层比较结实，而贴近皮肤的内层就比较柔软。冰岛的羊毛既具备坚韧牢固的特点，又具备柔软舒适的优点，所以织出的毛衣能够二者兼得，可以穿在衬衫或者其他衣服的外面。

梅卿：萨苏老师，您对冰岛毛衣有什么印象吗？

萨苏：我以前就有一件类似这样图案的毛衣。我记得 20 世纪 70 年代的时候，这种图案就已经很流行了。我认为冰岛毛衣是冰岛历史、文化和传统的一种象征。虽然冰岛看起来好像是一个很遥远的地方，但实际上冰岛的文化很发达。我知道冰岛有一位非常有名的作家叫赫尔多尔·奇里扬·拉克司内斯，他在 1955 年获得了诺贝尔文学奖。传言说，拉克司内斯的妻子去格陵兰岛的时候，带回一件格陵兰岛风格的毛衣，冰岛人看了以后很喜欢，就仿照古老的冰岛图案翻新了它，于是就有了冰岛毛衣。

梅卿：大使阁下要换装为我们现场展示一下冰岛的毛衣。

大使：穿上冰岛毛衣之后真的很暖和。

梅卿：换装后的大使阁下立马就变了一种气质，我突然间觉得大使阁下特别可爱。而且我发现冰岛毛衣还有一个特点，它没有年龄界限，也不分男女，只要穿上它就给人一种特别可爱、特别容易亲近的感觉。

萨苏：大使阁下，这款毛衣分前后吗？

大使：冰岛毛衣前后很像，因为它非常贴合我们的身体，所以看不出太大的区别。

梅卿：一件传统花色的冰岛毛衣，必须得是手工编织的，而且要用当地冰岛羊的羊毛，毛衣的肩部还要织有当地特色的图案。大使阁下，冰岛人平时出门都是如何穿搭的？

大使：我们的毛衣更多时候是在休闲场合穿的，一般人们会在出门郊游或远足的时候穿毛衣。如果到了夏天，人们待在家里是基本不用穿毛衣的，因为屋里很暖和，但出门在外是需要穿的。我平时不会穿毛衣去上班，也不会在家里穿，只有在出游的时候才会穿。

梅卿：大使阁下，现在冰岛人都会织毛衣吗？

换上冰岛毛衣后的大使阁下，展现出了更加亲切和可爱的一面

梅卿女士对冰岛的美食充满了好奇和期待

大使：我不太会织毛衣。尽管冰岛十分倡导男女平等，但女士的确要比男士更擅长织毛衣。在学校，老师也会教男孩子们如何织毛衣，可这门编织技艺还是在女士之间更受欢迎，女士也织得更好。

萨苏：我觉得如果想了解冰岛的文化，其实买一件冰岛毛衣就可以了。如果想和冰岛人交朋友，可以买一件冰岛毛衣穿上，这样就能与新朋友拉近距离了。

梅卿：这还真是一个拉近人际关系的好方法。大使阁下带领我们体验了冰岛羊毛的魅力，接下来就要开始体验可以带给我们身体更多热量的冰岛美食了。

大使：作为食材来说，羊肉肯定是首选的。冰岛的食物和特产基本都取自于羊肉。羊肉是我们的传统食物，它能够暖心又暖胃。羊的全身部位都能吃，可以制成各种特产，有烤羊头、烟熏羊肉等。冰岛必尝的美食除了羊肉还有鱼。我也带来了冰岛的特色美食——北极红点鲑。大家比较熟知的三文鱼，是一种非常受欢迎的健康食物，通常在餐馆和家庭中被广泛食用。而北极红点鲑主要分布在靠近地球北极圈附近的海域，它的体型要比三文鱼更小，肉质细嫩，味道鲜美，营养丰富，是三文鱼极好的替代品，我个人非常喜欢吃这种北极红点鲑。

梅卿：北极红点鲑的生长环境是什么样的？

大使：冰岛的水很纯净，我们有幸能够居住在这样一个国家。这里没有重工业区，所以冰岛的自然环境纯净无污染。如果你在山间锻炼，任何一条小溪或河流的水都可以直接饮用，并且那里的水有益于身体健康，这也使得冰岛的食物吃起来安全放心。

梅卿：大使阁下，您觉得这道北极红点鲑的独特之处在哪？

冰岛特色美食——北极红点鲑

大使：我喜欢这种鱼的味道，它的风味很独特，肉质鲜嫩而且易于消化，饭后不会感到饱胀。

梅卿：北极红点鲑可以生吃吗？

大使：可以生吃，也可以搭配其他食材来制作美味的菜肴。

梅卿：如果生吃的话，北极红点鲑的肉质跟三文鱼有什么差别呢？

大使：北极红点鲑的脂肪没有三文鱼那么多，它的肉质更柔嫩，口感更清爽，不像三文鱼吃起来那么腻。这种清新的口感很美味，非常适合年轻的女士。而且北极红点鲑中的不饱和脂肪酸可以直接被人体吸收，对人体健康有益。

梅卿：北极红点鲑吃起来味道虽然清淡，但是保留了鱼肉本身的香味。

萨苏：我在品尝北极红点鲑的时候，感觉它带有来自冰岛的鲜香。冰岛美食的食材源自大自然的馈赠，是自然赐予冰岛人的珍宝，所以冰岛人也非常崇尚自然。

梅卿：在冰岛，人们与自然和谐共生，追求简约而美好的生活方式。他们热爱自然，敬畏自然，感恩自然，让生命在自然的怀抱中绽放光彩。感谢大使阁下让我们了解到一个不一样的冰岛，也谢谢萨苏老师的分享，再见！

“梅卿看世界”——冰岛播出时间：2021 年 1 月 16 日

左起：古士贤、梅卿

《冰岛：冰火之国》手记

冰岛，欧洲人口密度最小的国家，自然风光纯净而原始，魅力无穷。冰岛旗帜的色彩寓意着冰岛的三大元素：红色代表火山中的火焰；白色象征冰雪；蓝色则代表海洋。冰岛并非都是冰天雪地，而是呈碗状的高地，四周为海岸山脉，中间为高原。无论是令人敬畏的冰川，还是地热泉和活火山，冰岛的自然景色都是无与伦比的，首都雷克雅未克的市区和周边山区的风景更是美不胜收。

雷克雅未克，坐落于冰岛西南部的半岛之上，紧临北极圈，是冰岛的首都，也是该国最大的港口城市。得益于其优越的地理位置，雷克雅未克成为欧洲北部的重要港口。这座城市环境优美，很少有工厂，几乎没有污染，被誉为“无烟城市”。多年来，雷克雅未克一直被评为全球最宜居的城市之一。若想一览首都的全貌，不妨前往市中心的哈尔格林姆教堂。它是冰岛最大的教堂，总共花了 38 年时间建造，具有独特的冰岛民族风格。进入教堂内部，乘坐电梯到达顶部的观景台，即可俯瞰整个雷克雅未克的壮丽景色。这座地标性建筑不仅标新立异，更让雷克雅未克的城市天际线增添了一道亮丽的风景线。坐落于雷克雅未克东部的平位利尔国家公园，又被称为“议会旧址国家公园”。这里曾经是备受冰岛历史关注的阿尔廷（露天议会）会议召开之地。作为冰岛最具历史、文化和地质价值的胜地，平位利尔国家公园被誉为“世界最古老的民主议会会址”。它位于美洲和欧亚两大板块的交界裂谷中，是具有特殊地质科学意义的公园。这里三面环山，山谷的悬崖、湖泊以及火山活动形成的壮观景象，都源于地球板块移动的强大力量。2004 年，平位利尔国家公园因其非凡的历史纪念价值，被联合国教科文组织评定为世界文化遗产。这一荣誉无疑进一步提升了这座古老议会会址在全世界的知名度和重要性。

冰岛南海岸的维克黑沙滩是地球上最著名的黑沙滩之一，它位于一个寂静的渔村旁，这个渔村属于维克小镇。黑沙是火山喷发形成的，当高温岩浆遇到海水时，它会迅速冷却并形成细小的熔岩颗粒。从黑沙滩远眺，北大西洋一望无际，白浪与黑沙在阳光下形成强烈反差。除了其独特的颜色，黑沙滩的另一端还有令人惊叹的玄武岩柱。海上散布着引人注目的岩层，不少剧组都会选择这片黑沙白浪之地拍摄外星球的场景，例如《权力的游戏》和《星球大战》。总的来说，黑沙滩绝对是世界上最美丽的海滩之一。

位于冰岛东南部的霍思城附近，有冰岛面积最大的国家公园及自然保护区，该公园集冰川、火山、峡谷、森林、瀑布为一体，景色壮观，它就是瓦特纳冰川国家公园。世界上很少地方能有如此景观，它的冰川之大仅次于南极冰川和格陵兰冰川。走入这片国家公园，首先映入眼帘的是一片铺天盖地的白，天地间一片苍茫辽阔，人在其中显得分外渺小。这片原始的自然之景，仿佛让人重返遥远的冰河时代。令人感到奇特的是瓦特纳冰川地区还分布着熔岩、火山口和热湖，“冰与火之歌”每天都在这里上演。

在冰岛，有一种独特的旅行体验，它比任何其他景象都更令人难以忘怀，那就是目睹冰山从冰川上崩裂，缓缓坠入深邃的大海。冰山，宛如一艘巨大而神秘的船只，在海面上悠然漂荡。或许，你已经通过照片见识过冰川的壮丽、火山的磅礴、北极光的神秘，也可能被冰岛音乐家的作品深深打动。然而，冰岛真正的魅力和奥秘，却需要你自己去探索和体验。这个国度不仅有壮丽的自然景观，还有丰富的人文风情，等待着你去一一领略。

马来西亚

多元文化的邂逅

马来西亚是一个多元的国家，体现在多元民族、多元宗教和多元文化上。在这里，各个族群汇聚形成了丰富的风土民情。各民族和谐共处，各族文化相映生辉，形成了独特且极富特色的马来西亚文化。而其中，娘惹文化是马来西亚文化的重要组成部分。

旧时的娘惹们，多为大家闺秀，她们衣着华丽、足不出户，一生专注于厨艺和女红。她们继承了中华民族的文化传统，注重孝道、强调长幼有序。在文化习俗和宗教信仰方面，她们有着深厚的中国烙印，同时又与马来西亚本土的文化相融合，并受到印度文化、欧洲文化的影响，从而形成了独具一格的娘惹文化。风格独特的娘惹服饰和令人垂涎的娘惹美食，都展现了娘惹文化的无限魅力。

文化推荐人：拉惹·拿督·努西尔万 (Raja Dato'Nushirwan Zainal abidin)
马来西亚时任驻华大使

拉惹·拿督·努西尔万大使向梅卿女士推荐当地的“开门迎宾”活动

梅卿：马来西亚是一个多民族融合的国家，它不仅拥有深厚的文化底蕴和多样的传统习俗，而且还有各种风味美食。有请文化推荐人马来西亚驻华大使拉惹·拿督·努西尔万阁下。

大使：大家好，非常高兴来到“梅卿看世界”。我是马来西亚驻华大使拉惹·拿督·努西尔万，我很喜欢中国。

梅卿：欢迎大使阁下，欢迎马来西亚驻华大使馆参赞扎里赞·扎卡里亚先生。

参赞：大家好，我是马来西亚驻华大使馆参赞扎里赞·扎卡里亚，我的工作就是让更多的中国朋友认识马来西亚，来到马来西亚，并爱上马来西亚。

梅卿：欢迎参赞先生，欢迎文化观察员苏芩老师。

苏芩：大家好，我是作家苏芩。

梅卿：在大使阁下和参赞先生的眼中，你们的家乡是什么样子的？

大使：马来西亚是个多元化的国家，节日形式多种多样。大部分马来人信仰伊斯兰教。此外，还有人信仰佛教、基督教、印度教。

参赞：大使阁下说得没错。马来西亚的人口很多，是一个多民族国家。最大的群体是马来人，其次还有华人、印度人等。

梅卿：大使阁下，听说马来西亚的节日很丰富，主要有哪些呢？

大使：我觉得马来西亚最重要的节日是开斋节，因为这个节日几乎人人参与。另外，我们还会庆祝马来西亚的国庆节，也叫“马来西亚日”，它是为了纪念马来西亚成立这个重要的历史时刻而设立的节日。

梅卿：节日有哪些庆祝方式？

大使：马来西亚每个人都很享受节日带来的欢乐。开斋节中，我们庆祝的方式主要是“开门迎宾”活动，大家邀请亲朋好友或者不同种族、不同信仰的人来家里做客。因为斋月里人们只在日出前和日落后进食，而且按照穆斯林的传统，主人应该为来家里的客人提供食物，所以“开门迎宾”就成了节日庆祝的最佳方式。

梅卿：游客也可以到处去串门吗？

大使：当然，“开门迎宾”活动就是要欢迎每一位来访的客人，用美食款待他们。

梅卿：大使阁下，普通人可以参观马来西亚国家元首和总理的府邸吗？

大使：当然可以。我们的元首和总理也会作为主人“开门迎宾”，一般是元首最先“开门迎宾”，总理紧随其后，任何想要拜访他们的人都可以去做客，所以这一天会有成百上千的人光临他们的府邸。

融合了中华文化与马来风情的娘惹服饰

梅卿：开斋节的“开门迎宾”活动体现了多元文化的包容和谐的特性。大使阁下，这么多节日中也有我们中国的节日吗？

大使：当然，这里有许多华人，华人是马来西亚第二大族群。

梅卿：在马来西亚的华人是怎么过新年的？

大使：马来西亚的华人庆祝新年的方式跟在中国没什么不同，也会采用“开门迎宾”的习俗。不管是中国的新年，还是其他国家的节日，我们都会打开家门迎接宾客。

梅卿：参赞先生，除了大使阁下介绍的开斋节，马来西亚还有哪些具有本土特色的节日？

参赞：在沙巴州的卡达山族有一个庆祝丰收的节日。另外，砂拉越州的伊班族也会在收割季结束时举办庆祝活动，在这个节日里，人们会感谢大自然的恩赐，祈求来年的丰收，同时也会举行各种活动，如舞蹈、音乐、美食等，来庆祝丰收的喜悦。外出的游子也会纷纷返乡，与家人团聚，共同庆祝这个重要的节日。

梅卿：我们了解了马来西亚的传统节日，接下来认识一下在中国和马来西亚文化相互影响下，形成的一种独特的文化——娘惹文化，请大使阁下介绍一下。

大使：马来西亚是一个多民族国家。根据历史记载，七百多年前，郑和率领船队下西洋，在马六甲停留时，有一部分随行人员选择留在当地，并与当地人通婚，繁衍后代。在马来西亚，这些后人中，男性通常被称为“峇峇”，女性则被称为“娘惹”。娘惹文化是中国传统文化和当地马来文化相互融合的产物，既有中华文化的影子，也具有马来文化的特征，是一种独特的文化现象。在娘惹文化中，可以发现许多中华文化的痕迹，如饮食、服饰、建筑等。同时，也具有马来文化的特征，如马来语的口音、马来式的建筑风格等，这些文化的融合使得娘惹文化具有独特的魅力。

梅卿：现场也展示了两套马来西亚传统的娘惹服饰，请大使阁下介绍一下。

大使：这两套娘惹服饰是马来西亚华人文化与当地马来文化融合的产物。上衣上的刺绣更多地融合了中国刺绣的风格特点，下身的裙子采用的是我们马来西亚传统的蜡染花布巴迪布缝制的。因为很早以前娘惹并不经常出门，她们专注于烹饪、刺绣等家务活，所以会亲手绣制自己的衣服，这些绣花在她们手中变得鲜艳精美，栩栩如生。

苏芩：我觉得娘惹文化不仅仅体现在他们的服饰方面，也反映在他们的饮食上。

梅卿：没错，我听说娘惹菜系是由中国菜系与马来菜系合并而成的马六甲菜肴，马来西亚有哪些比较受欢迎的娘惹菜呢？

参赞：娘惹沙叻是马来西亚非常有名的娘惹菜之一，也是当地非常受欢迎的一道美食。它是一道以米粉、大虾、亚参等为主料烹饪的菜肴，味道香浓，带有一点酸甜的口味。除了娘惹沙叻之外，还有香辣虾糯米卷、沫沫渣渣等美食，它们都深受游客的喜爱。

梅卿：娘惹菜有什么特点？

大使：娘惹菜可以说是一种功夫菜，耗时耗力，讲究冲洗工序和制作技巧。因为一些制作娘惹菜的香料很难获得，有的甚至只在特定的季节供应，所以想要做出一道好的娘惹菜是有难度的。我吃过最美味的娘惹菜并不是在饭店，而是在家里，因为娘惹菜不适合批量烹制，而应该精雕细琢，这样做出来的才最正宗。

梅卿：从娘惹服饰到娘惹菜，大使阁下带我们了解了马来西亚的娘惹文化。接下来大使阁下为我们带来一种水果，喜欢的人特别爱，不喜欢的人避之不及，大家猜猜会是什么呢？

大使：非常荣幸能和大家分享我们国家最著名的出口农产品——马来西亚榴莲。马来西亚的榴莲品种很多，比如猫山王、D24、黑刺、红虾等。其中猫山王榴莲在中国最受欢迎，价格也最高，因为它的供应量十分有限。猫山王榴莲的生长需要合适的土壤、适宜的气候，这种条件下生长的榴莲，味道与口感才是一流的。我邀请到一位榴莲专家，请他为大家介绍榴莲的相关知识。

罗维坚：大家好，我叫罗维坚，我来自马来西亚榴莲“猫山王之乡”

彭亨州的劳勿县，我是土生土长的第三代马来西亚华人。

梅卿： 欢迎罗维坚副会长，请您介绍一下马来西亚的榴莲到底有多少个品种？

罗维坚： 在马来西亚，榴莲的品种大概有 200 多种，但是在市面上真正流行的可能也就十多种。我相信大家都很了解或者很清楚马来西亚最有名的猫山王榴莲，猫山王榴莲最特殊的一个特征就是底部有一个很明显的“五角星”形状。其次，它的刺不是很长，刺与刺之间相对比较宽松，通常一个好的猫山王榴莲重量大概是在 2 千克左右。

梅卿： 马来西亚哪个产区的猫山王榴莲是最好的？

罗维坚： 猫山王榴莲主要产地是在我的家乡彭亨州的劳勿县，那里是公认的猫山王榴莲黄金产区。

中国 - 马来西亚商会副会长罗维坚

梅卿女士聚精会神地聆听罗维坚副会长传授的榴莲挑选与开启之道

梅卿：挑选榴莲的时候，怎么知道榴莲里面的果肉是多还是少呢？

罗维坚：在马来西亚，挑选时通常我们第一个步骤是先摇一摇，可以听到很轻微的果肉晃动的声音；第二个步骤是闻一闻，榴莲最底部的壳是最薄的地方，可以闻出榴莲的味道是甜的还是苦的，所以有一定经验的人可以辨别。另外，我建议大家吃稍微干一点的榴莲肉，因为肉质太软的话，榴莲味道就没那么好。

梅卿：我们都知道榴莲的外壳有很多尖刺，用手难以直接打开，打开它需要什么技巧吗？

罗维坚：打开榴莲是需要技巧的，需要准备两种最基本的工具，一双厚实点的手套和一把小刀或者是一个小勺。首先，把榴莲头上的把去掉，然后顺着几处裂开的纹路一点点地用小刀往下划开，再用刀尖对着它的底部中心轻轻地一撬，手再辅助掰一下，很轻松就把榴莲打开了。

梅卿：榴莲我见到的不少，但是我还从来不知道它长在树上是什么样子。

罗维坚：榴莲树如果不修剪的话，会长得非常高，大概有 30 米。但就算熟透了的榴莲从这么高的树上掉下来，也不会摔坏，因为榴莲非常结实。

梅卿：30 米高的榴莲树，它得长多少年？

罗维坚：正常情况下，榴莲树 5 年开花结果，果味浓郁的榴莲树也要 10 年的树龄，这样结出来的榴莲才好吃。一般经过我们精心照顾的榴莲树可以生长 50 年到 100 年。

梅卿：一棵榴莲树在它的生长周期能结多少果实？

罗维坚：这个因品种、环境、用心程度等情况而异。果农们会像照顾自己的孩子一样细心照顾榴莲树，如果照顾得好，树不生

马来西亚驻华大使馆参赞扎里赞·扎卡里亚

病，也没有其他问题，那么一年一棵树通常可以结 200 个果实。如果照顾得不好，可能就结几十个果实。

梅卿： 谢谢罗维坚副会长教会我们挑选榴莲和榴莲开壳的小技巧。在马来西亚，榴莲还有哪些吃法？请大使阁下介绍一下。

大使： 我们有很多种食用榴莲的方法，通常我们会用榴莲和大米煮粥，也会制作榴莲蛋糕、榴莲披萨，甚至还有人在研制“榴莲汉堡”的新吃法。对于我来说，吃榴莲的最好方法就是在无任何加工的情况下直接剥开来吃。

梅卿： 参赞先生，如果我们去马来西亚旅游，有什么可以推荐的景点吗？

参赞： 当然有。因为我们马来西亚的榴莲在中国很受欢迎，所以过去几年来到马来西亚的中国游客也是被榴莲所吸引。基于中马双方旅游业的合作，我们在旅游活动中增加了榴莲农场的体验项目。当游客们到达吉隆坡花上半天时间，乘坐两个小时的车来到榴莲农场，就可以在榴莲树下吃到新鲜采摘的榴莲。除此之外，我们还有制作榴莲蛋糕、榴莲冰淇淋等体验环节，这样的体验式旅行也越来越受到大家的关注。

梅卿：多元的节日，可口的榴莲，还有独一无二的娘惹文化，这些都是我们认识到的马来西亚文化的一部分，感谢大使阁下、参赞先生、罗维坚副会长和苏芩老师的分享，再见！

“梅卿看世界”——马来西亚播出时间：2021 年 1 月 23 日

左起：梅卿、拉惹·拿督·努西尔万

《马来西亚：多元文化的邂逅》手记

马来西亚，简称大马，坐落于东南亚的中心地带，紧邻赤道，全年气候温暖湿润。全国由 13 个州和 3 个联邦直辖区构成，拥有众多知名城市和风景名胜，如吉隆坡、新山、沙巴、亚庇、仙本那以及诗巴丹等。

吉隆坡这座大都市新旧交融，完美结合了东方文明与西方色彩。在此旅游，既可以领略现代都市的时尚魅力，又可探寻历史留下的珍贵印记。吉隆坡石油双塔，作为世界最高的双塔楼，坐落于吉隆坡市中心的西北角，由美国著名建筑设计师西萨·佩里所设计，并由马来西亚国家石油公司出资所建。这两座塔楼高 452 米，共有 88 层，巍峨矗立，气势磅礴，已然成为吉隆坡闻名世界的地标建筑。双塔楼由裙房相连，因外形酷似两个巨大的玉米，因此也被称为双峰大厦。在第 40 层与 41 层之间，设有一座长 58.4 米、距地面 170 米高的天桥。这座天桥不仅用于连接和稳固两栋大楼，方便楼与楼之间的人员往来，同时也对所有游客开放。登上这个世界上最高的空中走廊，马来西亚的繁华景象尽收眼底，妙不可言。

马来西亚不仅拥有美丽的风景，还是一个多民族、多元文化交融的国家。沙巴州是马来西亚 13 个州之一，位于加里曼丹岛东北部，旧称“北婆罗洲”。

环绕其周边的海域，星罗棋布着众多迷人的海岛。其中，美人鱼岛以其洁白的沙滩和清澈的海水而闻名，是沙巴州的一颗璀璨明珠。沙巴州更是孕育了特有的濒危物种——长鼻猴。这种独特而珍稀的动物，是自然生态中不可或缺的一部分。而丹绒亚路海滩，则是观赏日落的绝佳之地，当夕阳缓缓沉入海平面时，壮丽的景象让人叹为观止。亚庇，作为沙巴州的首府，已发展成为马来西亚重要的商业中心之一。这座城市巧妙地将丰富的自然资源和悠久的人文古迹融为一体。人们在这里不仅能领略到大自然的鬼斧神工，还能深入探索这座城市深厚的历史文化底蕴。其温煦的阳光与优质的海滩是最具吸引力的两大亮点。在这片水域，潜水活动备受追捧，游客们沉醉于海洋深处种类繁多的鱼类和形态各异的珊瑚。另外，沙巴州的克罗克山脉东北端的基纳巴卢山被誉为“徒步旅行者的天堂”。这座山不仅是卡达山族祖先灵魂的安息之所，也被当地人尊称为“神山”。其壮丽的自然风光与深厚的文化底蕴相得益彰，为游客提供了一次难忘的探险之旅。还有东姑阿都拉曼公园，作为马来西亚首座海洋型国家公园，其由五个各具特色的岛屿组成。这些岛屿不仅拥有美丽的沙滩和清澈的海水，还保留了一些珍贵的历史遗迹，这些遗迹见证了第二次世界大战前后的历史，包括艾京生钟楼、第一次世界大战纪念碑、六六纪念碑、古老店屋以及神山游击队纪念公园等。

在马来西亚沙巴州的东南海岸，坐落着一个风景如画的渔村，名为“仙本那”，常常被赞誉为“人间仙境”或“海上天堂”。这个小小的渔村原本籍籍无名，但因其得天独厚的地理位置，远离台风和地震的影响，逐渐受到游客的青睐。这里的海水清澈见底，宛如伊甸园般宁静美丽，为众多潜水爱好者提供了一片绝佳的水域。“仙本那”在当地语言中意为“完美”，我想这份自信一定源于它不远处的潜水宝地“诗巴丹”。诗巴丹以其卓越的潜水条件而闻名，被誉为世界三大潜水胜地之一。这里5米的浅滩向后就是垂直落下的湛蓝深海，深度可达六七百米。诗巴丹岛的水底世界五彩斑斓，从浅到深可以看到形状各异的珊瑚、海葵、海绵以及由成千上万条白鱼和其他鱼组成的巨大鱼群。这片海底潜水乐园不仅是绿海龟和玳瑁的繁殖之地，也是潜水者们与壮观的海龟队列一同畅游海底世界的绝佳场所。

正如“世界潜水之父”雅克·伊夫·库斯托所称赞的：“我们发现了一件未被触碰过的艺术品。”想要了解它，打开这个“上帝的水族箱”，开启一场梦境之旅吧！

埃及
神秘的北非古国

对于许多人来说，埃及是他们一生中必去的国家之一，是探古旅游的绝佳目的地。在美丽的尼罗河畔，古埃及人留下了令人惊叹的遗迹：宏伟的金字塔、神秘的狮身人面像和辉煌的神庙。它们让人们仿佛穿越到了千年前的历史长河中。

古埃及人深信，死亡只是生命旅程的一部分，而灵魂可以超越死亡的界限。这种信仰深深地影响了他们的生活方式和对待死亡的态度。他们建造了宏伟的金字塔作为陵墓，绘制了精美的画棺，甚至制作了栩栩如生的随葬俑，以此表达对来世生活的美好期许。这些遗迹不仅仅是历史的见证，更是人类智慧与艺术的结晶。它们诉说着古埃及人的信仰、梦想与追求，同时也提醒我们，尽管时代变迁，人类对永恒的向往和对未知的好奇从未改变。

文化推荐人：穆罕默德·巴德里（Mohamed Elbadri）
阿拉伯埃及共和国时任驻华大使

梅卿女士期待着与大家共同领略这个神秘国度的魅力与风采

梅卿：埃及，神秘的代言词。这里有世人皆知的木乃伊，有号称未解之谜的金字塔，有世界上最长的河流尼罗河。有请文化推荐人阿拉伯埃及共和国驻华大使穆罕默德·巴德里阁下。

大使：大家好，我是阿拉伯埃及共和国驻华大使穆罕默德·巴德里，很高兴来到“梅卿看世界”。

梅卿：欢迎大使阁下，欢迎文化观察员苏芩老师。

苏芩：大家好，我是作家苏芩。

梅卿：苏芩老师，您去过埃及吗？

苏芩：我还没去过，但我有一个梦想就是去埃及看金字塔。我觉得看金字塔在我所有的旅行计划当中是排在前列的，虽然我去过很多国家，也看过墨西哥的金字塔，但是没有去埃及看过金字塔，特别遗憾。

梅卿：为了弥补一下苏芩老师的遗憾，接下来，请大使阁下介绍一下埃及最有名的金字塔。

大使：胡夫金字塔是埃及最有名的历史遗迹之一，同时也是现存规模最大的金字塔。整座金字塔由无数巨石堆砌而成，展示出古埃及人卓越的建筑技艺和对永恒的追求。它矗立在吉萨高地上，沙漠的自然环境为其提供了坚实的保护，使其历经千年仍坚固如初。胡夫金字塔之所以得名，是因为它作为埃及法老胡夫的陵墓，用于安葬当时的埃及最高统治者。古埃及人倾注了几十年的心血，才完成了这一建筑奇迹。金字塔的建造的初衷是作为法老的陵墓，这体现了古埃及文化中“死后往生”观念的重要性。

古埃及法老与巍峨的金字塔

精致的埃及艺术品

梅卿：所以古埃及的法老对自己死后的墓葬非常的重视，是吗？

大使：是的，不管是法老还是平民，当时的埃及人都很重视死后的埋葬，他们认为这是为来世做准备的。

梅卿：古埃及的法老文化对现在的埃及还有影响吗？

大使：当然有，但它对后世的影响更多地体现在文化方面，而不是宗教。因为现在的埃及是一个伊斯兰国家，也有少数信仰基督教的人，他们约占总人口数的 10% 到 15%，所以古埃及的法老文化对现代宗教并没有什么影响。可是在文化方面，虽然无法追根溯源，但如今的埃及人依旧很重视传统文化，有很多庆典仍然沿袭着 1000 年前的习俗，这是很常见的现象，这是由于法老文明对埃及以及埃及周边地区的影响十分深远。

梅卿：大使阁下，在埃及有多少座金字塔？

大使：埃及有近千座金字塔，其中最大最著名的就是胡夫金字塔。

梅卿：这些金字塔都是为法老建的吗？

大使：金字塔的确是为法老而建，但一些有钱的贵族也可以建造金字塔。

梅卿：在我的印象当中，埃及法老有四个象征特权的物品：一是王冠，二是配饰，三是权杖，四是眼镜蛇。这四个象征物可以算是法老的标配。

苏芩：其实首饰在古埃及有着非常重要的作用，是财富地位的象征。古埃及人特别钟爱黄金珠宝首饰，不仅有头冠、耳环、戒指、手镯，还有项饰、臂章、腰带、胸饰等，无论男女都佩戴众多珠宝饰品。

梅卿：建造金字塔不是一件容易的事情，要不惜金钱、人力成本和代价。在法老的心目中，这样才能使他们死后同生前一样生活得舒适如意。

苏芩：中国的皇帝造两种建筑是最舍得花钱的，一种是宫殿，另外一种就是陵墓。秦始皇兵马俑的发现已经有几十年了，但很多人都不知道，其实西安兵马俑的脚下隐藏了恢宏的秦始皇陵，我们看到的只是地宫的冰山一角。

梅卿：通过以上关于埃及金字塔的介绍，我们不仅深入了解了它所蕴含的神秘色彩，还感受到了其背后丰富的文化内涵。接下来，大使阁下要带我们认识不一样的埃及。

大使：虽然我们的金字塔闻名世界，但我还是要向大家介绍一座位于埃及北部的海港城市——亚历山大港。

梅卿：大使阁下，亚历山大港这座城市是如何兴起的？

大使：这要从亚历山大大帝说起，亚历山大大帝征服埃及后，建立了这座城市，并以他的名字命名。亚历山大大帝死后，他的手下托勒密·索托，也就是托勒密王朝的开创者托勒密一世开始大力建设亚历山大港，致力实现古希腊文明与古埃及文明的全面融合。他的目标是使亚历山大港成为当时的世界中心。所以托勒密投入了大量的人力物力，建设了众多建筑和图书馆，旨在使亚力山大港成为世界的焦点，而托勒密·索托也确实做到了。

梅卿：在埃及的历史发展过程当中，也曾受到古罗马的管辖，当时亚历山大港的兴起是代表着法老文化的没落，还是说两者可以同时存在？

大使：我觉得这是一种文化的融合。亚历山大港因亚历山大大帝而兴起，它既是法老时代文明的代表，也见证了古希腊文明的发展。在哲学、科学、数学等领域，古希腊文明为亚历山大港带来了重要的影响。

梅卿：无论是过去还是现在，亚历山大港对于埃及有哪些意义？

大使：亚历山大港是埃及第二大城市，历史悠久，不仅拥有古希腊和古罗马的众多文物遗迹，还是古代欧洲与东方贸易的中心和文化交流的枢纽。除此之外，亚历山大港还有举世闻名的亚历山大图书馆，这里汇集了不同学派的思想，它是人类知识的灯塔，是文明的交汇，也是埃及了解世界、世界了解埃及的窗口。

梅卿：亚历山大港是一个具有悠久历史的城市。苏芩老师，您对它的印象是什么？

苏芩：我一直觉得埃及是一个相对观念比较保守的国家，但是当我

埃及首都开罗的城市风貌

看到亚历山大港的照片以及听了大使阁下的介绍，我相信这个国家形成了自己独有的文化特征，展现出多元且复杂的复合性。

梅卿：大使阁下介绍了埃及的第二大城市亚历山大港，我特别想知道埃及的首都开罗会带给我们怎样的风情呢？

大使：7 世纪中期，伊斯兰教开始在埃及传播，自那以后，古埃及文明在各个方面都受到了伊斯兰教不同程度的影响。特别是哲学思想和文化体系因为穆斯林而发生了翻天覆地的变化，宗教的融合、文化的兼并由此开始，新的派别渐渐展露。清真寺、城堡还有其他建筑都展现出伊斯兰教的风格，这种风格自行衍变，世代延续，直到今天埃及还保留着许多伊斯兰教的古建筑，值得游客们前来探寻。

梅卿：大使阁下，您觉得开罗有什么特别有代表性的建筑，请您推荐一下。

大使：我会推荐艾哈迈德·伊本·图伦清真寺，艾哈迈德·伊本·图伦清真寺可以说是埃及完全脱离“神权君主”哈里发统治的标志。艾哈迈德·伊本·图伦清真寺建于图伦王朝，尽管图伦王朝的历史相对较短，但艾哈迈德作为当时埃及的国王，为自己建造了一座著名的清真寺。通常统治者们为了表示自己的虔诚，会耗费大量精力建造清真寺，这样他们就能够更好地服务当地的穆斯林社群。艾哈迈德·伊本·图伦清真寺具有很高的历史和文化价值，我个人强烈推荐大家去实地参观。

我还建议大家去看一看爱资哈尔清真寺，爱资哈尔清真寺始建于法蒂玛王朝，当时是为了打造伊斯兰教的法学殿堂。现在这里被称为爱资哈尔大学，并逐渐发展成为学府，吸引着世界各地的学者前来学习。还有一处值得探访的古迹是萨拉丁城堡，萨拉丁·优素福·伊本·阿尤布是埃及阿尤布王朝的第一位苏丹，是他终结了法蒂玛王朝在埃及的统治。他早年生活在伊拉克，青年时跟随叔父出征埃及，为了在埃及建立新的秩序，他手握政治大权却没有在埃及久住，而是常年在外征战，所以他将建造城堡的任务交给能干的首相，让首相着手修建，而他所创立的阿尤布王朝一直在努力巩固对埃及的统治。游客可以前往穆盖塔姆山欣赏这座美丽的城堡，城堡里陈列着很多伊斯兰教的文物，历史上著名的“萨拉丁城堡之宴”也发生在这里。

梅卿：我听说开罗还有一个别称，叫作“千座尖塔之城”。这种尖塔建筑是伊斯兰建筑的一种特色吗？

大使：是的，其实“千座尖塔之城”这个称号在现在也不是很准确。

“千座尖塔之城”的迷人魅力令梅卿女士心驰神往

埃及特色美食——“塔米亚”

因为我们现在不止有一千座尖塔建筑，而是更多。这些尖塔建筑是伊斯兰教进入埃及后，埃及各个时期社会发展的标志。

梅卿：大使阁下，我听说为了保护伊斯兰的文化，埃及也在积极修复开罗古城，是这样吗？

大使：的确如此。几年前埃及政府负责修复一尊非常珍贵的雕像，雕像被修复后重现了法蒂玛时期的面貌。行走在历史古迹之间，时间仿佛倒流，让你感受这座城市的历史变迁。

苏芩：我觉得先人们给我们留下的这些珍贵文化瑰宝，需要我们每一个人好好地保护，让更多后人能够感受到这些历史和文化。

梅卿：通过大使的介绍，我们了解到古埃及的法老文化、希腊风情的亚历山大港，还有伊斯兰建筑汇聚的开罗，它们展现的是文化融合。那当地的饮食文化又是怎样的呢？请大使阁下介绍一下。

大使： 我带来了几道埃及特色美食和大家分享。第一道菜叫“库什里”，它是法老时代的菜肴，也是埃及最受欢迎的菜肴之一。它由米饭、小扁豆和通心粉混合而成，口味非常正宗。第二道菜叫“乌姆阿里”，在英文中的意思是“阿里的妈妈”。乌姆阿里是一道传统的埃及甜品，由面粉、牛奶、坚果和葡萄干烹制而成，这道甜品也成为埃及的一道国菜。

梅卿： 埃及，一半是金色，一半是蓝色，如同一幅画卷在我们眼前展开。金字塔的耀眼光芒与尼罗河的蓝色波涛，交织成我们对这个国家的深刻印象。滚滚的尼罗河，如同埃及的历史长河，见证了不同文化的碰撞与交融。感谢大使阁下和苏芩老师的分享，再见！

“梅卿看世界”——埃及播出时间：2021 年 1 月 30 日

左起：苏芩、梅卿、穆罕默德·巴德里、子骞

《埃及：神秘的北非古国》手记

埃及，这颗地中海与红海之间的璀璨明珠，坐落在非洲东北部，其辽阔的领土还囊括了亚洲西南部的西奈半岛。作为四大文明古国之一的埃及，除有令人叹为观止的金字塔、木乃伊和狮身人面像等历史遗迹外，还有滋养着埃及大地的尼罗河、美丽的红海海岸、雄伟的阿斯旺水坝以及被誉为“城市之母”的开罗……这片神秘而富饶的土地，无疑是世界文化和自然遗产的宝库，等待着人们去探索和发现。

在自然界中，对河流的崇拜一直占据着重要地位。其中尼罗河作为古埃及文明的摇篮，在自然崇拜中具有特殊地位，被称为埃及的“母亲河”和“生命之河”。作为世界上最长的河流，尼罗河不论在古埃及时期还是现代的埃及都无可争议地拥有这一地位。它注入地中海，全长约 6700 千米，为沿岸地区提供了丰富的水资源和肥沃的土地。随着时间的推移，尼罗河流经埃及开罗北部不远处的区域时，分成了几个河道，这段区域叫作尼罗河三角洲，而尼罗河流经的南部区域被称为尼罗河谷地。这一独特的地理特征为埃及带来了丰富的农业资源和生态环境。尼罗河作为一条国际性河流，流经的国家不仅限于埃及，还包括乌干达、卢旺达、布隆迪、坦桑尼亚、肯尼亚和埃塞俄比亚等。对于埃及来说，尼罗河不仅仅是一条河流，更是上天赐予埃及人的一份厚礼。

埃及，这片神秘而多彩的土地，给人的印象总是沙漠与古老文明的交融。然而，如果你曾去过美丽的红海海岸，相信会改变你对埃及旅行的传统看法。埃及红海海岸，因其周围的红褐色的山脉而得名，800 多千米的海岸线绵延不绝，是全球最大的海洋生态系统之一。这里拥有全球最美丽的暗礁和珊瑚礁区，海洋生物种类超过 1000 种，是真正的海底生物观赏天堂。其中被红海和群山环抱的达哈布小镇，更是冒险家们的秘密乐园。达哈布有两处非常著名的潜水点，一处是哈达布蓝洞。这个蓝洞内海洋生物资源非常丰富，被誉为“潜水者坟墓”，尤其是其深 56 米、长 26 米的水道“拱门”，浮潜没有限制，但深潜需持有 AOW（水域潜水员课程）证书。另一处是达哈布黄金峡谷，这里的地理环境更为险峻，景观奇特，是达哈布最具吸引力的潜水地点之一。

如果说金字塔和神庙是古埃及的标志性建筑，那么阿斯旺水坝无疑是现代埃及的象征。这座宏伟的水坝位于埃及境内的尼罗河干流上，坐落在阿斯旺城南附近的山口地带。它由主坝、溢洪道和发电站三大部分构成，规模庞大，所使用的建筑材料数量惊人，堪称“世界七大水坝之一”。阿斯旺水坝的建设始于 1960 年，前期工程由苏联设计，并提供了一座电站设备。这座水坝的建成对埃及的社会发展产生了深远的影响。它不仅在尼罗河上形成了一片广阔的纳赛尔湖，为埃及提供了稳定的水源和电力供应，满足了国家一半的电力需求，而且有效地控制了尼罗河每年的泛滥，为埃及的农业生产和生态环境提供了重要的保障。

古老的尼罗河从南部的阿尔巴达山脉发源，穿越无垠的沙漠，最终注入埃及的心脏——开罗。在阿拉伯语中，“开罗”和“埃及”是同一个词，这反映了开罗在埃及历史和文化中的重要地位。作为阿拉伯世界最大的城市，开罗拥有众多美誉，如“千塔之城”“沙漠之城”和“伊斯兰之城”。历史上，开罗曾是东西方文明的交汇点，各种文化、宗教在这里交融、碰撞，形成了一种独特的城市风貌。美国记者、作家罗登贝克曾说：“中世纪的开罗就是那个时代的纽约。”这句话恰如其分地描绘了开罗曾经的辉煌。而《一千零一夜》中也提到，“从未见过开罗的人，就等于没有见过世界”。这更是将开罗推向了世界的舞台，让人们为之倾倒。

埃及，一片蕴藏着无尽历史与文化宝藏的土地。从壮观的金字塔到神秘的木乃伊，从宏伟的神庙到迷人的红海海岸，这片古老而富饶的土地诉说着千年的辉煌与传奇。在这里，你可以感受到古老文明的厚重底蕴，也可以领略到现代都市的繁华气息。无论你是历史的追寻者还是自然的爱好者，埃及都将为你带来一次难忘的旅程。

吉尔吉斯斯坦

游牧之国

吉尔吉斯斯坦，一个中亚腹地的美丽国度。天山山脉横贯其中，高峰林立，包括胜利峰、汗·腾格里峰和列宁峰等。这些山峰不仅以其巍峨壮丽征服世人，还因丰富的冰川和独特的动植物群，为这片土地赋予了独特的韵味和气质。

除了自然景观，吉尔吉斯斯坦的历史文化同样令人着迷。作为古代丝绸之路的重要驿站，这里见证了东西方文明的交流与碰撞。值得一提的是，2014 年，由中国、哈萨克斯坦、吉尔吉斯斯坦三国共同申报的“丝绸之路：长安 - 天山廊道的路网”成功入选联合国教科文组织的世界遗产名录。这一历史性的里程碑，不仅标志着丝绸之路的重要价值得到了国际认可，更为沿线国家和人民带来了新的合作与交流机会。

文化推荐人：卡纳伊姆·巴克特古洛娃 (Kanaiym Baktygulova)
吉尔吉斯共和国时任驻华大使

卡纳伊姆·巴克特古洛娃大使来到“梅卿看世界”节目，分享吉尔吉斯斯坦的文化与故事

梅卿：吉尔吉斯斯坦是中亚的五个“斯坦”之一，在历史上，这个地区不仅是连接欧亚大陆和中东的要冲，还是大国势力东进西出、南下北上的必经之地。有请文化推荐人吉尔吉斯共和国驻华大使卡纳伊姆·巴克特古洛娃阁下。

大使：大家好，我叫卡纳伊姆·巴克特古洛娃，是吉尔吉斯共和国驻华大使，很高兴来到“梅卿看世界”。

梅卿：欢迎大使阁下，欢迎吉尔吉斯共和国驻华大使馆参赞先生。

参赞：大家好，我叫马克苏特，是吉尔吉斯共和国驻华大使馆的一位外交官。

梅卿：欢迎参赞先生，欢迎文化观察员萨苏老师。

萨苏：大家好，我是萨苏。

梅卿：萨苏老师，您对吉尔吉斯斯坦有一些什么样的印象？

萨苏：提到吉尔吉斯斯坦，我首先想到的就是古丝绸之路，这条路被认为是连结亚欧大陆的古代东西方文明的交汇之路，而吉尔吉斯斯坦就是这条古丝绸之路上非常重要的一站。

梅卿：大使阁下，听说在吉尔吉斯斯坦传统文化中，有一部规模宏伟壮阔的英雄史诗，请您介绍一下。

大使：吉尔吉斯斯坦英雄史诗《马纳斯》是民间思想的黄金宝库，它反映了吉尔吉斯斯坦 3000 多年的历史和精神文明。《马纳斯》史诗是世界上最长的史诗之一，它的长度是《荷马史诗》中的《伊利亚特》和《奥德赛》的 16 倍。2013 年吉尔吉斯斯坦的史诗三部曲——《马纳斯》《塞米提》《塞特克》被联合国教科文组织列入人类非物质文化遗产代表名录。一些有智慧的人，他们用自己的语言传唱《马纳斯》，史诗中不仅包含了我们的历史、哲学，还有音乐、教育等方面的信息，这是全人类重要的财富，我们为之自豪。

梅卿：大使阁下，史诗是传承游牧文化唯一的形式吗？

大使：我们认为在全球化时代保留文化的多样性是很重要的。因此，2012 年吉尔吉斯共和国政府提出了举办世界游牧民族运动会的倡议。

梅卿：大使阁下，这个世界游牧民族运动会得到了很多国家的支持吗？

大使：是的，我们的倡议得到了世界很多国家的支持，其中就有中国的大力支持。从第一届到第三届世界游牧民族运动会，中国都派出了阵容强大的体育代表团参赛。

梅卿：世界游牧民族运动会是每年都举办吗？运动会上有多少个体育项目？

吉尔吉斯共和国驻华大使馆参赞马克苏特介绍世界游牧民族运动会中最受欢迎的项目之一——“马背叼羊”

参赞：世界游牧民族运动会每两年举办一届，第一届世界游牧民族运动会是 2014 年在伊塞克湖畔举行的，共有 19 个国家近 600 名运动员参加。第二届是在 2016 年举行的，有 62 个国家的代表团参赛，参赛运动员超过 1200 名。2018 年举办的第三届世界游牧民族运动会，来自 87 个国家和地区的近 3000 名运动员参加 37 个项目的角逐。

梅卿：在运动会上有哪些项目是最受欢迎的呢？

参赞：我们最受欢迎的项目之一是“马背叼羊”比赛，“叼羊”是一个集体项目，分成两支骑手队伍，每队 8 人，他们争抢一只被宰杀后的羊躯体，就像踢球那样，把抢到的羊扔进对方的“大门”，扔进次数多的队伍将获得胜利。

梅卿：这是一项勇敢者的运动，需要的不仅是体力，还有骑马的技巧。大使阁下，通过世界游牧民族运动会，它起到保留游牧民族习俗的作用吗？

大使：是的，这样的运动会的确使我们的文化得到了保留。因为世界游牧民族运动会的办赛宗旨就是复兴和保存全世界游牧民族的历史文化遗产，发展世界民族体育运动，向世界展示不同游牧民族的文化生活和文明成果，所以很多比赛一直到现在还很流行，特别是“马上项目”。通过这些项目，年轻一代会更好地了解本国人民的传统，从而让世界更加了解吉尔吉斯斯坦的民族文化。

梅卿：既然提到吉尔吉斯斯坦的文化，我觉得一种和游牧民族的生活息息相关的民族特色建筑一定要让大家知道，请大使阁下介绍一下。

大使：这个建筑就是我们游牧民族居住的毡房。毡房是吉尔吉斯斯坦一个主要的文化象征，各个国家的游牧民族都有很相似的居住场所，但还是有一定的差别。很多国家建造的毡房都是以观赏为目的，而在吉尔吉斯斯坦，你们可以在很多放养牲畜的高山牧场看到毡房，我们的毡房从形状到装饰都是有区别的。我们的毡房是由木质的框架组成，上面安装一个格状的圈，顶上会盖一块毛毡，里面的墙壁装饰用的是由柳条、稻草、芦苇、韧皮等制成的带花纹的帘子，还会搭配我们传统的毛毡制品“谢尔塔克”和各种各样的装饰品。

梅卿：每一个毡房的内部结构都是固定的吗？

大使：是的，内部的结构是固定的，房间内男女区域都是独立的。一进门左边是男性区域，放着男士的生活用品，包括马鞍、马具、狩猎工具等；右边是女性区域。毡房中间是炉子，毡房里最尊贵的位置是炉子的后面，这是男主人或尊贵的客人所坐的位置，毡房的顶部中央有一个天窗，天气好的时候可以打开通风换气。

梅卿：毡房除了居住还有其他的意义吗？

大使：对吉尔吉斯人来说，毡房不仅象征着家，还象征着家乡的土地以及对祖国的爱。吉尔吉斯人的一生中，每一个阶段都与毡房息息相关，很多重要的传统仪式都是在毡房里进行的。

梅卿：建造一个毡房需要多长时间？

大使：建造一个毡房差不多需要一年的时间，并需要具备特殊技能的人，这些人不仅要对木材有深入的了解，还需要具备精确的计算和设计能力。因为毡房的建造需要对衔接处进行精确的计算，并确定每个部件的固定位置。

梅卿：大使阁下，贵国是如何保护毡房建造这门技艺的呢？

大使：因为每个毡房都是为一个具体的家庭而建，要考虑到每一个家庭的诉求和生活方式等特点，所以这些建造毡房的匠人非常值得尊重，他们是我们全民族的特殊财富，在我们的诗歌和歌曲中也经常歌颂他们。

梅卿：萨苏老师，您是怎么理解毡房文化的呢？

萨苏：在吉尔吉斯斯坦有很多毛毡的制品，包括建造的毡房，这些不仅仅是它的文化特色，也代表了它的历史。在《史记》《汉书》中就有关于今天的吉尔吉斯斯坦的记载，当时这一地区主要从事游牧的国家被称为“行国”。游牧民族可以随时需要迁徙，毡房相应地就是可移动的。在某些地方，游牧民族的迁徙是并行进行的。吉尔吉斯斯坦有山有水，游牧民族会随着季节的变化进行迁徙：夏天迁徙到山上乘凉，冬天则迁徙至山谷中取暖。因此，当我们看到毡房时，可以从中感受到吉尔吉斯斯坦的历史进程和游牧文化的影响。

梅卿：大使阁下，吉尔吉斯人在很多的场合都会戴毡帽，它代表了一些什么样的文化？

大使：毡帽是吉尔吉斯斯坦文化的一个重要象征，我们对毡帽持有崇高的敬意，并称之为“阿克卡尔帕克”。我国拥有近 80 种不同类型的“阿克卡尔帕克”，每一种在形状和制作工艺上都有独特之处。“阿克”这个词具有多种含义，比如“白色的”“纯洁的”“诚实的”和“神圣的”。因此，“阿克卡尔帕克”指的不仅是白色的毡帽，还象征着神圣和纯洁。

吉尔吉斯斯坦的毡帽及手工艺品展示

梅卿女士凝神聆听吉尔吉斯斯坦的毡帽文化

梅卿：从毡帽可以判断出所戴之人的年龄吗？

大使：当然，根据毡帽上包边的颜色，可以大致判断出毡帽主人的年龄段。绿色或红色包边的毡帽通常代表小男孩儿，寓意他们刚刚开始自己的人生历程，还有很多知识需要学习；深蓝色和天蓝色包边的毡帽则是超过 20 岁的年轻人的选择；棕色包边的毡帽代表超过 30 岁的男性，他们已经有了自己的家庭，可以为国家做些有益的事情；米色包边的毡帽代表超过 40 岁的男性，他们具备丰富的生活经验，可以分享给身边的年轻人；黑色包边的毡帽代表年过 60 岁的男性，黑边的白毡帽象征着智慧。而最尊贵的毡帽是纯白色的，代表部族长老和长者，是对他们领袖身份的认可，这种毡帽也会作为最高礼遇赠送给最尊贵的客人。

梅卿：大使阁下，佩戴毡帽时有什么需要注意的吗？

大使：当然有，毡帽对于我们来说是非常神圣的。佩戴时必须双手摘帽，放在固定的位置或者放在自己身边，切忌不可扔毡帽。在《马纳斯》史诗中就写道："吉尔吉斯人是戴着白色毡帽的民族，阿克卡尔帕克如同天山一样，毡帽的顶像山顶一样雪白，帽基是深色的，如天山山脚一般。"

梅卿：女性戴什么样的帽子呢？

大使：女性头上戴的帽子叫"埃里切克"，这是一种很复杂的头饰。首先，女性会在头上戴一顶带辫饰的小帽子，然后用一块方形织物盖住脖子。随后，再戴上像包头一样的头巾，这种头巾是由 30 米长的白布制成的。由于地域和氏族等方面的差异，"埃里切克"的形状各不相同。在过去，"埃里切克"是年轻女性出嫁时佩戴的传统头饰，同时说一些祝福的话语，比如"愿你头上的'埃里切克'永远都不会摘下来"，这是

吉尔吉斯斯坦传统服饰——“洽潘”

一种对家庭幸福美满的祝愿。

梅卿：大使阁下，您穿的这套衣服非常漂亮，是吉尔吉斯斯坦的民族服装吗？

大使：是的。这是我们民族女性穿的传统长袍，它是现代服装设计与传统服饰文化的结合，我们把它叫“洽潘”。“洽潘”的面料有天鹅绒和绵绸材质的，我穿的这件是天鹅绒的，上面还有各种刺绣的花纹图案。

梅卿：大使阁下，您“洽潘”上刺绣的花纹，它代表什么含义呢？

大使：这些植物形状的花纹代表着吉祥、平静和安稳。

梅卿：大使阁下，请问男性也穿“洽潘”吗？

大使：男性也穿“洽潘”，但是在颜色、花纹等方面和女性“洽潘”

有所不同。通常男性“洽潘”的后背上会绣一个圆形图案，这个图案象征着太阳，也代表着男人是一家之主。过去民间有一种说法“在我身后，你就可以看见太阳”。圆形图案的下面是太阳的光芒，再往下是各种植物，象征着生命与繁盛。阳光照射在这些植物上，寓意它们在阳光的滋养下生长得更加茂盛，鲜花盛开。

梅卿：通过大使阁下的介绍，我们了解了吉尔吉斯斯坦的游牧民族的生活方式，领略了古老的游牧文化特色，感受到传统游牧文化魅力。感谢大使阁下、参赞先生和萨苏老师的分享，再见！

“梅卿看世界”——吉尔吉斯斯坦播出时间：2021 年 2 月 6 日

左起：梅卿、卡纳伊姆·巴克特古洛娃

《吉尔吉斯斯坦：游牧之国》手记

吉尔吉斯斯坦与中国紧密相邻。吉尔吉斯斯坦的地形以山脉为主，天山山脉和帕米尔·阿赖山脉绵亘于中吉边境，常年积雪覆盖，冰川遍布。在山地之间，有伊塞克湖盆地、楚河河谷等独特的地理景观。这些地貌特征不仅为吉尔吉斯斯坦增添了独特的魅力，也为其提供了丰富的自然资源和旅游资源。

吉尔吉斯斯坦，这片壮丽的土地，孕育了无数奇迹。其中，伊塞克湖被誉为“上帝遗落的明珠”，其地位在吉尔吉斯斯坦无可替代。曾经有一句谚语，“没有到过伊塞克湖，就不算到过吉尔吉斯斯坦”，正是对这片美丽湖泊的最好诠释。伊塞克湖盆地，在早期是一个巨大的内陆草原盆地。经过数千万年的地壳活动，它逐渐形成并不断地被填充。四周的山脉融水注入这片洼地，部分水体汇聚成了今天的伊塞克湖。从科学的角度分析，伊塞克湖是一个典型的“断陷湖”，它的形成源于地壳运动的岩层断裂下陷。位于中纬度的高海拔地区，伊塞克湖的湖面在冬季本应结冰。然而，令人惊奇的是，这里的湖水终年不冻，因此被当地人亲切地称为“热海”。伊塞克湖的湖面宽阔，湖水清澈透明，仅次于贝加尔湖。虽然地处高寒地带，但冬季湖水始终不结冰，形成独特的自然奇观。此外，湖水富含矿物质，因此，每年都有大量游客和运动员来此进行疗养和休闲，这里是中亚地区旅游疗养的胜地。

碎叶城，位于吉尔吉斯斯坦托克马克市西南方向，是汉唐时期丝绸之路上的重要驿站，历史上著名的“安西四镇”之一。这里曾是中国历代王朝在西域设防最远的边陲重镇，见证了中华文明的深远影响。在遗址中，城墙断壁依稀可见，诉说着往昔的辉煌与沧桑。考古学家们发掘出了几枚珍贵的大唐钱币，上面刻有“开元通宝”和“大历通宝”字样。这些发现为研究唐代在西域的商贸活动和文化交流提供了宝贵的实物证据。尽管历经千年的风雨侵蚀，碎叶城如今只剩下土丘和房屋地基的遗址，但这里曾经辉煌的历史依然清晰可见，吸引着无数游人前来探寻中华文明的传奇篇章。

吉尔吉斯斯坦生活着草原上的游牧民族，直到现在这里还保留着丰富多彩的游牧文化。每年春秋两季这里都会举行传统的狩猎节，当地人称之为“萨尔布伦节”。在狩猎节期间，会有猎鹰、赛马和猎犬斗狼等传统项目。吉尔吉斯斯坦各族人的祖先多为游牧民族，这里还保存着传统的狩猎记忆，用猎鹰狩猎至今依然是一种养家糊口的方式。随着时代的变迁，传统的狩猎文化正逐渐消失，希望通过“萨尔布伦狩猎节”让更多人了解游牧民族的传统文化，让这项古老的习俗代代相传。

除了壮丽的自然景观和古老的游牧习俗，史诗吟唱也是吉尔吉斯斯坦游牧民族不可或缺的文化表现形式。几个世纪以来，这种艺术形式通过艺人的口传心授得以保留至今。《马纳斯》作为其代表，主要采用单人说书的方式，结合吉尔吉斯斯坦特有的三弦琵琶进行伴奏。每部史诗都有其独特的主题、韵律和吟唱风格。表演说唱的行吟艺人被称为阿肯，他们经常参加讲书比赛，并曾受到极高的尊敬。他们以富有表现力的动作、表情，与史诗情感丰富的内容完美结合，深受人们的喜爱。

吉尔吉斯斯坦的传统文化，历经千年的沉淀，依然保持着鲜明的独特性。这种文化的持久性，得益于其游牧生活方式以及与之相辅相成的文学、艺术、宗教、风俗和习惯等各个方面的要素。这些宝贵的文化遗产，被吉尔吉斯人民珍视并代代相传，成了他们民族精神的基石和灵魂的寄托。

克罗地亚
传承和创新的艺术国度

如果你的地中海之梦是古城墙下蓝宝石般的海水，那么克罗地亚就是你梦想成真的地方。

克罗地亚，与意大利仅一海之隔，自罗马帝国时代以来，便深受意大利半岛的文化影响。历经岁月的沉淀，克罗地亚仍保留着众多古罗马时代的遗迹，如普拉圆形竞技场、波雷奇的尤弗拉西斯大教堂、斯普利特古建筑群及戴克里先宫殿等。这些古迹见证了历史的辉煌与沧桑，为后人留下了宝贵的文化遗产。克罗地亚还有两座被联合国教科文组织列为世界文化遗产的古城，被誉为“亚得里亚海珍珠”的杜布罗夫尼克和被中世纪城墙包围的特罗吉尔，这两座古城以其独特的建筑风格和历史文化吸引了无数游客前来探访。

文化推荐人：**达里欧·米海林 (Dario Mihelin)**
克罗地亚共和国时任驻华大使

达里欧·米海林大使对“梅卿看世界”节目赞誉有加

梅卿：在亚得里亚海岸和巴尔干半岛上，有一个国家令人流连忘返。那里，古老的城市风貌与砖石结构的建筑相映成趣，教堂钟声悠扬，管风琴的吟唱更添中世纪的韵味。有请文化推荐人克罗地亚共和国驻华大使达里欧·米海林阁下。

大使：大家好，非常荣幸来到“梅卿看世界”，我是克罗地亚共和国驻华大使达里欧·米海林，祝中国和克罗地亚的友谊地久天长。

梅卿：欢迎大使阁下，欢迎克罗地亚国家旅游局上海代表处主任古兰兰女士。

古兰兰：大家好，我是古兰兰，很高兴参加这个节目。

梅卿：欢迎古兰兰女士，欢迎文化观察员苏芩老师。

苏芩：大家好，我是作家苏芩，非常开心来到“梅卿看世界”。

梅卿：苏芩老师，您对克罗地亚有什么印象吗？

苏芩：克罗地亚的地理位置优越，恰好位于东西方文化的交汇处，仿佛“上帝选中的花园”。这个国家不仅自然美景如画，而且还是一个文艺底蕴深厚的国家。

大使：我之所以非常喜欢“梅卿看世界”这个节目，是因为这个节目会突出每个国家不同的文化节日以及文化传统。想必中国朋友对于克罗地亚并不陌生，中国游客对我们的音乐、美酒、足球、历史名城以及优美的自然风光都有着颇高的评价，但是最令我们克罗地亚人自豪的还是我们的文化。我推荐大家去参观位于亚得里亚海滨达尔马提亚中部的一个中世纪古城——希贝尼克，它是克罗地亚东南部地区的历史名城。克罗地亚孕育了许多才华横溢的歌手和作曲家，其中就有来自美丽城市希贝尼克的杰出代表，他们的作品为世界音乐做出了不可或缺的贡献。

梅卿：这么有艺术气息的一座古城，是不是也有许多盛大的节日仪式在这里举办？

大使：是的，希贝尼克有一个著名的国际儿童节。该节日为每年的 6 月中旬到 7 月初。由于这个时期克罗地亚学校普遍放暑假，许多学生都会选择来此参加国际儿童节。在节日期间，孩子们会在舞台上表演，尽情享受节日的欢乐。

梅卿：希贝尼克国际儿童节是以什么样的艺术形式为主呢？

大使：在这个儿童节上有各种各样的文艺活动可供孩子们参加，从戏剧表演到话剧表演，再到音乐剧，可以让孩子们有充分的互动。

梅卿：大使阁下，我很好奇，孩子们在儿童节上可以参加各种各样的文化活动，那大人在这两周的时间里都做些什么呢？

大使：在希贝尼克国际儿童节上，许多大人会变得充满童趣，与孩子们一同参与活动。对于孩子们来说，这是一个发挥创造力的舞台，而父母、老师、表演者和艺术家们都会齐聚于各种文化场所。

梅卿：古兰兰女士，听说您从小就在希贝尼克长大，您一定经历了童年时期每一年的希贝尼克国际儿童节，可以跟我们分享一下儿童节上的有趣故事吗？

古兰兰：我很幸运出生在希贝尼克，我从小就生活在那里。希贝尼克国际儿童节是参与人数最多的节日，其规模有时甚至超过了圣诞节。为这个节日，我们投入了一整年的筹备工作。它为孩子们提供了了解不同国家文化与习俗的机会，使他们的

古兰兰女士阐述希贝尼克国际儿童节的独特魅力与意义

视野更加开阔。正是在这个儿童节上，我有幸第一次欣赏到了中国的京剧、书法、绘画和剪纸等传统艺术，能在自己的国家体验到中国的文化，这无疑是一次美妙的经历。在希贝尼克长大的小孩，他们有众多的机会去尝试和体验各种艺术形式，成为演员、舞蹈家、画家、作家或摄影师等。这为他们提供了一种非常独特的成长经历。事实上，钢琴演奏家马克西姆的首次演出就是在他的家乡希贝尼克，所以我真心希望更多的游客能够去希贝尼克，亲自感受这种浓厚的艺术氛围和孩子们的快乐。

苏芩：古兰兰女士讲的希贝尼克国际儿童节，我觉得更像是一个儿童的博览会，它把世界各国的文化融汇到这里，让小朋友在“玩”中增长知识。

梅卿：克罗地亚人为孩子们举办如此盛大的希贝尼克国际儿童节活动，我想这个节日对于孩子们来说，终生受益。孩子们会在这种艺术氛围中快乐成长，等这些孩子长大成人后，又有哪些深受成年人喜爱的艺术节呢？

大使：我们最受欢迎的节日之一就是杜布罗夫尼克夏季艺术节，因为杜布罗夫尼克是备受各国游客喜爱的景点。每年夏天，这里都会举办各种盛大的节日活动。杜布罗夫尼克有很多的古建筑，这些古建筑本身就是绝佳的表演舞台。观众可以在这些古建筑中体验“沉浸式”戏剧。其中，莎士比亚名剧《哈姆雷特》已经成为杜布罗夫尼克夏季艺术节的标志性剧目。

梅卿：杜布罗夫尼克夏季艺术节的由来是怎样的？

大使：杜布罗夫尼克夏季艺术节的由来可以追溯到中世纪。当时，杜布罗夫尼克在克罗地亚地区享有很高的文化地位，政治上独立于其他城邦，因此有很多的周边城市和各国的商船前来交流与贸易。这种国际交流促进了不同文化的融合，也使得杜布罗夫尼克的文化遗产非常丰富。为了传承和发扬这一文化遗产，我们多年来一直致力于打造杜布罗夫尼克夏季艺术节这一文化品牌。历史上，杜布罗夫尼克涌现出众多杰出的作家和诗人，如马林·德尔日奇和伊万·贡杜利奇等。如今，杜布罗夫尼克夏季艺术节在国际上享有盛誉。它通常始于每年的 7 月初，并在 7 月 10 日举办盛大的开幕仪式。来自世界各地的艺术家们云集于此，共同度过一段美妙而难忘的时光。

梅卿：从希贝尼克国际儿童节到杜布罗夫尼克夏季艺术节，这些节日不仅承载了克罗地亚人从童年到成年的美好回忆，也展示了克罗地亚文化的独特魅力。尽管这些节日令人欢欣鼓舞，但人生的喜怒哀乐总是相伴而行。接下来，大使阁下要为我们讲述一个略带悲伤的故事。然而克罗地亚人以其独特的创意，将这一经历转化为一种行为艺术，用独特的方式表达出来，令人们在悲伤中感受到力量与希望。

大使：我要介绍的这个地方叫“失恋博物馆”。这个博物馆的诞生故事充满了趣味性，虽然结局并不如人意，但它的存在却令人赞叹。失恋博物馆的起源，要从一对与众不同的艺术家情侣开始，他们和其他恋人不同，在彼此分离时并不是以照片寄托思念，而是一个玩具兔。每当一方离家远行时，他们都会带上这只玩具兔，让它陪伴在身边，给予彼此一种对方就在身边的错觉。因此，这只玩具兔成为他们的定情信物，也是博物馆最早的展览品。然而，他们并未像多数恋人那样走到最后。分手后，他们在商量如何处置这段曾经美好的感情“遗产”时，萌生了创办博物馆的想法。于是，他们开始向

达里欧·米海林大使细述布罗夫尼克夏季艺术节的精彩与特色

朋友和公众征集与失恋有关的物品，随着时间的推移，这个博物馆逐渐发展并壮大，形成了现在的规模。

梅卿：失恋博物馆的位置在哪里？

大使：失恋博物馆坐落于克罗地亚的萨格勒布市中心，其原址是一座宫殿。萨格勒布也是我的家乡，来这里的大部分游客都会去这家博物馆参观，它已经成了这座城市的地标。

梅卿：大使阁下，失恋博物馆里都有哪些展品呢？选展品时有什么标准吗？

大使：失恋博物馆里最多的就是婚纱，也有与个人经历相关的玩具和物件，里面还有一些非常奇怪的展品，比如创可贴、面包屑等。正是因为这些展品的背后有着不同寻常的故事，才使

梅卿女士认真倾听失恋博物馆的动人故事

得它在博物馆内陈列展出。

梅卿：关于失恋的话题，法国作家罗兰·巴特说过一句话非常打动我，他说："眼泪的存在是为了证明悲伤不是一场幻觉。"从某种意义上讲，当爱情逝去时，我们会感到悲伤，虽然往后不再是情侣，但曾经的那份美好的记忆会被封存在失恋信物上，并在失恋博物馆里公开展示。一方面，当事人与这段恋情告别，心理可以得到慰藉；另一方面，让来博物馆参观的人也能从中获得共鸣。

苏芩：是的。恋爱中的男女千万不要认为失恋分手就是最倒霉的，并否定之前跟对方在一起的时光，我觉得这是不对的。你们曾经甜蜜过，虽然现在不适合，分开了，但还是可以把你们的故事以这种形式分享给更多人。

梅卿：从这些"失恋"展品中，我们可以看出尽管存在文化、习俗和宗教等方面的差异，但人们珍视爱情、追求幸福的心是相通的。而这一个个的展品其实也是一个个文化产品，因为每个展品都承载着其背后的故事，这也正是克罗地亚人展现文化创造力的一个例证。当文化创造力与一座古城相遇，会碰撞出怎样的火花呢？大使阁下，我听说在克罗地亚的古城扎达尔，有一座世界上独一无二的建筑，请您介绍一下。

大使：在我们的历史名城扎达尔，这里有世界上第一座"海风琴"。"海风琴"大概出现在十多年前，是由克罗地亚著名建筑师尼古拉·巴希奇所建造，"海风琴"的出现，为我们地区的经济、旅游业发展产生了推动作用。"海风琴"借由海浪的力量，通过海水拍打穿过口径不同的管道，奏响美妙的声音，所以海浪的大小和水流的强度的不同，声音也会跟着不断变化，音乐随之而起。这里是游客来到扎达尔经常会去的地方，如

扎达尔古城一隅

果你有机会到这里，不妨也到海边坐坐，近距离聆听大海奏响的奇妙交响乐，相信会给你留下难忘的回忆。此外，尼古拉·巴希奇还在“海风琴”的北边，建造了一座太阳能圆形剧场，叫“向太阳致敬”。白天，你可以坐在岸边，听着“海风琴”的悠扬乐声，晚上就可以去欣赏“向太阳致敬”，因为白天它会吸收太阳的光能，当夜幕降临，这栋建筑便会自动发出五彩斑斓的灯光，非常漂亮。

梅卿：我曾经读到过一句对扎达尔古城的评价，描述它是“年事已高，但活力四射”。大使阁下，这两座建筑向人们传达了怎样的理念呢？

大使：“海风琴”和“向太阳致敬”的设计都与自然息息相关，将自然能源融入人们日常的生活。“海风琴”利用海浪发声，而“向太阳致敬”则通过太阳能发电，二者的核心理念是可持续发展，这对克罗地亚人来说至关重要。我们国家十分之一的土地都是国家公园，我们非常注重在旅游业和工业发展中融入可持续发展理念。我们希望游客能在旅行中更深入地亲近自然。这一理念与中国人民的观念非常相似，中国提倡绿色出行，习近平总书记也提出了“绿水青山就是金山银山”的理念，这也正是我们克罗地亚人的理念。

梅卿：在克罗地亚的文化中，无论是丰富多彩的节日庆典，还是别具一格的失恋博物馆，抑或作为克罗地亚文化发展源头的扎达尔古城，都从各个角度展现了克罗地亚深厚的历史文化和独特的人文气息。感谢大使阁下、古兰兰女士以及苏芩老师的分享，再见！

“梅卿看世界”——克罗地亚播出时间：2021 年 2 月 13 日

左起：施然、梅卿、达里欧·米海林、苏芩

《克罗地亚：传承和创新的艺术国度》手记

克罗地亚，作为地中海地区一颗璀璨的明珠，拥有丰富的旅游资源和巨大的发展潜力。其自然环境得到了良好的保护，无论是广袤的山林、平原，还是多瑙河流域，都呈现出令人惊叹的美景。克罗地亚还拥有着丰厚的历史文化遗产，这些遗产见证了其悠久的历史和独特文化。

赫瓦尔岛，克罗地亚沿海达尔马提亚群岛中的一座岛屿，也是亚得里亚海中最长的岛屿。岛上的主要城镇赫瓦尔和斯塔里格勒更是让人流连忘返。赫瓦尔城镇坐落在13世纪建造的城墙内，大理石铺就的街道与哥特式古老的宫殿交相辉映，诉说着历史的沧桑。而城外的海角上，点缀着众多小巧的海滩，为游客提供了一个完美的休闲观景场所。沿着海港，酒吧和咖啡馆林立，营造出浓厚的度假氛围。赫瓦尔岛正逐渐成为全球时尚人群的旅游度假胜地，其阳光明媚、苍翠葱郁的自然环境，使其在克罗地亚众多岛屿中脱颖而出。全岛每年享有2724小时的阳光照射，薰衣草覆盖的田野、青松掩映的坡地以及宁静祥和的村庄，共同绘制出一幅醉人的画卷。斯塔里格勒是克罗地亚达尔马提亚地区斯普利特-达尔马提亚县赫瓦尔岛北侧的一个城镇。它是欧洲最古老的城镇之一，坐落在一个狭长的海湾顶端，优越的地理位置使其成为人类早期定居的理想之地。

斯塔里格勒毗邻重要的农业区，这为其早期的繁荣奠定了基础。2008 年，斯塔里格勒的大部分地区被联合国教科文组织列为世界文化遗产，整个城市及其周边地区都得到充分的保护。这一认定不仅彰显了斯塔里格勒的历史和文化价值，也强调了其在世界遗产保护中的重要地位。今天，斯塔里格勒仍然保持着其古老的传统和建筑风格，为游客提供了一个探寻历史和文化的绝佳场所。

姆列特岛，位于克罗地亚的南部海域，是克罗地亚森林最繁茂的岛屿之一。自 1960 年起，姆列特岛的三分之二被划为姆列特国家公园，从而得到了有效的保护。该国家公园拥有约 50 平方千米的陆地保护区，还设有周边海洋保护区，是亚得里亚地区首个对原始生态系统进行制度化保护的典范。岛上的外海岸，南面部分陡峭险峻，遍布着令人叹为观止的岩洞；而北面大陆部分则地势平缓，易于接近。更为独特的是，大小湖泊在此和谐共存，形成了一道独特的地质和海洋奇观，堪称世界自然遗产的瑰宝。在国家公园内，有一片深邃清澈的大湖，它宛如一块碧绿的宝石，静静地躺在这片土地的心脏地带。在这片湖中，有一个名为圣玛丽岛的小岛，它仿佛是大湖的一颗明珠，安静地浮在水面上。小岛的最高处有一座古老的灯塔，它见证了这片土地的历史变迁。每当夕阳西下时分，灯塔的光芒便会在湖面上映出一条金色的光路，引领着归航的船只。

维斯岛是克罗地亚内陆之外最偏远的且有人居

住的岛屿之一，同时也是该国面积最小的岛屿。维斯岛上有许多个无人的海湾及海滩，长久以来一直被作为军事禁地。从 1995 年起，这里才向游客敞开大门，只有少数人知道这个宝藏之地。该岛从公元前 3 世纪起就有人居住，岛上居民大部分是渔民和农民，他们主要还是靠农业生活，维斯的橄榄、水果和葡萄酒，都非常有名。

克罗地亚的长岛是达尔马提亚北部岛屿中最大的岛屿，其景象蔚为壮观。特别是那绵延无尽的海岸悬崖与岛内宽阔的天然沙滩，构成了一幅独特的风景。而岛内那巨大的天然湖水，宛如一颗璀璨的明珠，展现出令人惊叹的大自然魅力。这里的海湾景色美不胜收，被誉为亚得里亚海域最美的海滩之一。在这里，你可以尝试徒步旅行，体验水肺潜水、攀岩探险的刺激，或是骑着自行车欣赏沿途的美景。当然，还有那些新鲜美味的海鲜大餐，等待着你的品尝。

克罗地亚，一个融合了壮丽自然与深厚历史的国度。从碧波荡漾的亚得里亚海，到群山环绕的雄壮大自然，其壮丽景色令人叹为观止。在这里，人类与动物和谐共存，各自找到了属于自己的生存之地。

黑山

欧洲后花园

黑山，一个在世界地图上可能不那么显眼的名字。然而，这并不妨碍它散发独特的魅力。当人们初次听到“黑山”这个名字时，可能会想到“黑色的山”，误以为这里是一片漆黑、毫无生机。但实际上，黑山的风景美不胜收。这里有碧蓝的亚得里亚海、壮丽的山脉、洁白的海滩、清澈的湖泊以及丰富的动植物群。每一处景色都仿佛是大自然的杰作，令人心旷神怡。无论是在海滩上漫步，还是在山林间徒步，都能感受到大自然的宁静和美丽。

除了自然风光，黑山还拥有悠久的历史和丰富的文化遗产。这里的古建筑、历史遗迹和传统艺术都见证了黑山的辉煌历程。漫步在古老的城镇中，仿佛能听到历史的回声在耳边响起。

文化推荐人：达尔科·帕约维奇（Darko Pajovic）
黑山共和国时任驻华大使

达尔科·帕约维奇大使非常高兴与大家分享黑山的自然美景、独特文化以及丰富的历史遗产

梅卿：它是欧洲最年轻的国家，蓝色的亚得里亚海，红色顶的石头房子，古老的教堂……它就是黑山。有请文化推荐人黑山共和国驻华大使达尔科·帕约维奇阁下。

大使：大家好，我是黑山共和国驻华大使达尔科·帕约维奇，非常荣幸参加这个节目。

梅卿：欢迎大使阁下，欢迎文化观察员苏芩老师。

苏芩：大家好，我是作家苏芩，非常开心来到“梅卿看世界”。

梅卿：提到黑山，想必许多朋友都曾看过一部经典电影《桥》，而电影中的主题曲《啊，朋友再见》在20世纪七八十年代的中国几乎家喻户晓。大使阁下，这座桥对于黑山的意义非同一般吗？

大使：是的，这座桥对黑山具有非常重要的意义。在电影《桥》中，这座桥是故事的重要场景，也是黑山国家和文化的象征。由于电影的广泛影响，这座桥成为黑山国家形象的代表之一，对于黑山的旅游业也起到了重要的推动作用。

梅卿：苏苓老师，您对黑山有什么印象吗?

苏苓：山是黑的，但城是彩色的，而且最重要的是它和意大利隔海相望，坐船就能到达意大利，所以也被称为“欧洲的后花园”。

梅卿：黑山无疑是汇聚了欧洲美景的精华和深厚的历史文化。大使阁下，据去过黑山的朋友描述，黑山大街小巷中经常能见猫的踪影，为什么会有那么多的猫呢?

大使：在黑山的大街小巷有 60 多万只猫，猫也渐渐成为黑山的一种象征。很多年前，它们就已经开始在镇上穿梭，这些猫既温顺又讨喜，这其实也是黑山的城市魅力所在，吸引无数游客前来。

梅卿：我觉得黑山人民非常喜欢猫，这里许多历史建筑和文化遗址也为猫提供了舒适的栖息地。在我们北京故宫里就有将近 200 只猫，除了故宫御猫的后代，也有一部分是自己跑进来的。当年皇宫里养这些猫，除了当宠物外，更重要的是保护故宫的建筑和文物。大使阁下，请问黑山的猫也会起到一些实质性的保护作用吗?

大使：没错，猫在黑山是一种很受欢迎的动物。在科托尔古城，很多家庭都养猫，猫可以抓老鼠、蛇以及一些很小的动物，使人们免受它们的侵扰，因此，这里的人们都爱养猫。

梅卿：大使阁下，能为我们介绍一下科托尔古城吗?

大使：科托尔古城在整个地中海地区享有盛名，它曾受古罗马帝国管辖，是一座享有国际声誉的古文化之都。由于其宝贵的文化遗产和历史价值，科托尔古城被联合国教科文组织列为世界文化遗产。

梅卿：科托尔古城有多少年历史了?

大使：科托尔古城的历史可以追溯到两千多年前，那时就有人居住在此地。几千年来，一座座雄伟的建筑拔地而起，比如科托尔古城的堡垒。所谓堡垒，其实就是一种护城墙，城墙内部曾居住着来自世界各地，有着不同肤色、国籍和宗教信仰的人。科托尔的城墙并非一次性建成，而是经过多个王朝的不断修缮。实际上，我们也称之为“科托尔城墙”，其主要目的之一就是抵御外来入侵。

梅卿：科托尔城墙有多长?

大使：科托尔城墙的长度大概有四五千米，没法和中国的万里长城相媲美，但它对于我们黑山来说是极其重要的历史遗迹，也是重要的旅游景点，每年吸引数百万游客前来参观。

梅卿：黑山其实也是一个多山之国，虽然它的护城墙并不是很长，但是山区的地形让它看上去很壮观。

苏芩：护城墙的长度首先是与这个国家的地形和面积有关，其次是与它的功能性有关，比如它是有军事作用，还是有经贸作用等。

梅卿：从 15 世纪开始，科托尔古城经历了多次毁灭性的地震和肆虐全城的黑热病，城市几近消亡。然而，顽强的黑山人民并未放弃，他们在这些灾难面前展现出强大的生命力，一次又一次地重建家园。大使阁下，在黑山，除了科托尔古城以外，还有哪些必打卡的地方吗?

大使：我推荐大家去杜米托尔国家公园一探究竟。作为黑山五大国家公园之一，也是其中占地面积最大的一个，杜米托尔国家公园坐落于塔拉峡谷之中。塔拉峡谷内还有另一个著名景点——塔拉大桥，它在多部电影中留下了身影。然而，值得注意的是，杜米托尔国家公园仅有 10% 左右的地区可以在法律允许下开发利用。这表明剩下 90% 的区域受到了严格的保护。我们对

达尔科·帕约维奇大使介绍塔拉峡谷的自然风光

这片国家公园投入了巨大的心血，并致力于保护这些区域。如今，这些国家公园已成为黑山的一张名片，不仅吸引了大量外国游客前来探访，还激发了本地居民的兴趣，他们非常愿意亲身体验大自然的魅力。

梅卿：大使阁下，您提到的塔拉峡谷有多深？

大使：塔拉峡谷以其独特的自然景观在黑山乃至全世界都享有盛名。作为欧洲最深的峡谷，其深度达到了 1300 米。塔拉河蜿蜒流淌于峡谷之中，河水清澈见底，可以直接饮用。游客们还可以乘船欣赏沿岸的美景，领略山水之美的独特魅力。

梅卿：在这个雄伟险峻的峡谷地下又隐藏着怎样的风景呢？

大使：这一地区的地下水资源非常丰富，每年冬末春初，积雪厚达 2 米左右。当积雪融化时，这些雪水便汇入河流和地下水系统。

因此，黑山的泉水和纯净水随处可见。这里的许多景观事物是难以用言语来形容的，我真心希望大家有机会亲自去黑山，亲身体验这片大自然的神奇与魅力。

梅卿：大使阁下，这些国家公园内的自然风光绮丽，也未受到人类的破坏和污染，一定有非常丰富的动植物资源吧？

大使：就土地面积和人均动植物资源占有量而言，黑山是欧洲最丰富的国家之一。尽管我们的国土面积只有 30000 平方千米，但我们拥有超过 5000 种的动植物资源。此外，我们在动植物资源保护方面也取得了显著成效。森林覆盖了国土总面积的三分之二，为成千上万的鸟类提供了理想的栖息地，使这里成为鸟类的“天然乐园”。许多游客慕名而来，就是为了观赏这些鸟类，尤其是鹈鹕。鹈鹕是一种体型庞大的鸟类，主要以鱼类为食，在黑山的各个湖泊中都能看到它们的身影。在 20 世纪初，鹈鹕一度面临灭绝的危险，但经过多方努力，鹈鹕最终得以幸存。

苏芩：在各国旅行时，我特别关注每个国家的动植物资源，因为除了地理位置独特、自然资源丰富外，动植物资源的丰富多样程度以及一个国家对环境和自然保护的重视程度，都是衡量一个国家生态价值的重要指标。从黑山的动植物物种可以看出，黑山在动植物资源保护方面做得非常好。

梅卿：大使阁下提到黑山的地下水资源丰富，这里的山泉水随处可见。用这种山泉水酿制的葡萄酒品质非凡，而且我听说黑山人把酒当水来喝，这是真的吗？

大使：这只是一个传闻，但黑山人的确擅长酿酒。我们酿造的葡萄酒品质非常高，这得益于我们悠久的酿酒历史。在很久以前，黑山的一些地方存在缺水问题，这些地区非常干旱，缺乏泉

梅卿女士对于大使家族这种不为商业利益，而纯粹出于对葡萄酒热爱而匠心酿造的精神表示钦佩

水等水源，因此当地人逐渐养成了喝酒的习惯。他们发现，酒存放的时间越久，其香味就越浓郁。在缺乏足够水源的情况下，当地人甚至以酒代水。这种传统一直延续至今，形成了黑山独特的酒文化。

梅卿：大使阁下，您家里也酿葡萄酒吗？

大使：当然，我的家乡在一个依山傍水的小镇，也是黑山酿酒技艺最成熟的地区，我们家族酿造葡萄酒的历史可以追溯到400年前。我们家族酿造的葡萄酒不会拿到市场上面销售，而是自己饮用或者与亲朋好友一起分享。无论我们从事何种职业，回到家乡都要参与家族的酿酒活动。

梅卿：您也亲自参与家族的酿酒活动吗？

大使：是的，我很喜欢这个活动。在我小的时候，每到周末都会去葡萄园里摘葡萄。我们有一个习俗，想要酿出高品质的酒，就得用小孩摘的葡萄。因此，所有的人都从很小的时候就开始参与家族酿酒活动，大人们会从小教育我们要爱护葡萄庄园。我的父亲至今仍告诫我们：“只有好的葡萄才能酿出上等的美酒。”我们家族酿的酒不在于产量，而在于让我们从小能更好地融入社会。

梅卿：大使阁下参与的家族酿酒活动，更像是一个家庭互动日，家庭成员可以在活动中增进彼此的感情。大使阁下，如果把不同品种的葡萄酒放在一起，您能尝出哪个是自己家酿造的吗？

大使：当然可以，我不仅能尝出自家的酒，还能尝出亲戚家以及酒庄卖的酒，因为我们那里地方不是很大，每户人家酿的酒在很长时间内味道不会发生太大的变化。

梅卿：酒的味道不一样是因为工艺或者配方上的差别吗？

大使：酿酒的材料基本上都是一样的，但每户人家多多少少都会有自己独特的酿酒秘诀和方法。这些秘诀和方法是他们引以为傲的“宝藏”，不会随随便便告诉其他人。所以，如果你去黑山旅游，遇到十个酿酒师，他们都会自豪地介绍自家酒的独特之处和配制方法，但秘诀却不会轻易透露。欢迎大家来黑山感受自然、享用美食、品鉴美酒。

梅卿： 非常感谢大使阁下的邀请，我们跟随大使阁下领略了黑山的历史文化古城科托尔和塔拉峡谷，并深入了解了当地的葡萄酒文化。相信这个充满魅力的国家一定会让您心生向往。谢谢大使阁下和苏苓老师的分享，再见！

“梅卿看世界”——黑山播出时间：2021 年 2 月 20 日

左起：苏苓、达尔科·帕约维奇、梅卿、施然

《黑山：欧洲后花园》手记

黑山，这个坐落在欧洲巴尔干半岛上的国家，对于我们而言，相较于其他闻名遐迩的欧洲国家，更增添了一抹神秘的色彩。乍一听“黑山”这个名字，或许会联想到一片荒芜凄凉之地。然而，实际上黑山却是一处风景秀丽的世外桃源。美国某本杂志曾这样形容黑山：“这个国家拥有仿佛时光倒流的中世纪村落，是欧洲最新鲜、最有魅力的旅游胜地之一。”对于那些寻求独特旅游体验的游客而言，黑山无疑是一个不容错过的目的地。这个国家拥有着清新的空气、茂盛的森林、明媚的阳光、蔚蓝的海岸、清澈的湖水、高耸的雪山以及历史悠久的古城。每一处风景都宛如一幅幅璀璨夺目的画卷，展现出其独特的魅力与气质。

来到黑山，一定要来打卡的地点就是科托尔古城。这座历史悠久的古城位于亚得里亚海最南端的科托尔湾畔，自中世纪起便已存在。古城三面环山，一面临海，高耸的古城墙蜿蜒而上，厚重而结实，透着一种历经沧桑的独特美感。古城城门由古代威尼斯人所建，城门上方的石匾刻着 1944 年 11 月 21 日的字样，这是第二次世界大战中科托尔城市解放的日子。漫步在科托尔老城区的小巷中，仿佛穿越到了中世纪的巴洛克时代，让人沉浸于在这座古城的独特文化氛围。科托尔的市镇格局独具特色，整座城市由若干广场构成，每个广场四周环绕着建筑物，街巷将各个广场相互连接，形成一个充满生活气息的整体。这种布局在无公共交通的时代为市民提供了便利的活动空间，广场不仅是休闲贸易的场所，还拥有教堂和学校等设施，满足了市民的日常生活需求。在老城区里，游客可以欣赏许多重要的文化古迹，建于 8 世纪的瞭望台、12 世纪的教堂、17 世纪的宫殿和 19 世纪的剧院等建筑，都是科托尔古城历史的见证。这些古迹为游客提供了一窥古城历史与文化的宝贵机会。

科托尔古城是一个有着许多故事和传说的城市，几乎每一块铺砌的石头、每一座绕城市的宫殿以及每一处遗址，都仿佛在诉说着一段美妙而真实的历史。科托尔古城曾经遭受了多重统治，包括罗马、拜占庭、威尼斯、奥匈帝国等。其中，威尼斯的统治时间长达近四个世纪，为科托尔的建筑风格注入了威尼斯文化的深刻影响，这种影响使得科托尔的建筑独具特色，具有典型的威尼斯风格。然而，科托尔古城的历史并非一帆风顺。它曾经遭受过大地震和蔓延全城的瘟疫，使得这座古城数次面临成为废墟的危机。尽管如此，科托尔古城依然坚韧不拔，凭借着其居民的智慧和力量，一次又一次地重获新生。作为世界文化遗产的科托尔古城，拥有 14 座教堂，其中 6 座是 12 世纪至 13 世纪的罗马教堂。在这些教堂中，最重要的是建于 1166 年的圣特里芬大教堂。关于这座教堂，有一个流传甚广的故事。

公元 9 世纪，一个威尼斯商人从君士坦丁堡运送基督教殉教者圣特里芬的尸骸及遗物返回威尼斯。途中，他遭遇了强烈的海上风暴，被迫在 躲避。当风暴过后，他准备继续启程，却突然遭遇了狂风。为了祈求风平浪静，威尼斯商人决定在此建造一座小教堂，以安放圣特里芬的骸骨。传说在小教堂建成后，亚得里亚海域的风暴从此变得宁静。因此，“圣特里芬”成为了科托尔地区的守护神。

对于每一位来黑山的游客来说，科托尔古城都是不容错过的美丽之地。在这里，您可以领略到欧洲中世纪的独特韵味，感受历史与现代的交融。

科托尔古城

文化是城市与国家的灵魂，是历史长河中的璀璨明珠，更是人们生活的丰富印记。每一座城市，都有其独特的文化烙印，它们如同星辰，点亮了人类文明的天空。

城市的文化底蕴，不仅包含古老的遗迹，还涵盖现代的人文风貌。历史遗迹见证了城市的沧桑岁月，而现代的人文底蕴则赋予了城市新的活力。这些文化元素交织在一起，共同构筑了城市独特的生命脉络，让每一座城市都焕发出别样的光彩。

亚里士多德曾说："人们来到城市，是为了生活；人们居住在城市，是为了生活得更好。"城市，作为人类文明的聚集地，承载着人们的梦想和追求。在这里，我们为了生活而忙碌，为了梦想而奋斗。而城市的文化，则像一股清泉，滋润着我们的心灵，让我们在追求梦想的路上，不断汲取力量。城市的每一个角落，都蕴藏着文化的瑰宝。古老的建筑、传统的习俗、丰富的艺术，都是城市文化的生动体现。这些文化元素不仅让城市变得更加独特，也让我们的生活变得更加丰富多彩。

在"梅卿看世界"的旅程中，我们不仅看到了世界的美丽与神奇，更感受到了文化的力量与魅力。这些文化元素，如同一部部生动的历史长卷，让我们对人类文明的多样性有了更为深刻的理解。它们展示了不同民族、不同地域的独特风情和智慧，让我们为之震撼，为之感动。我们愿意将这份文化的瑰宝传递给下一代，让他们也能感受到文化的魅力，继续传承这份宝贵的遗产。

梅卿